浙中调查 2020

扎根浙中大地 助力乡村振兴

上海财经大学浙江学院浙中调查项目组 编著

上海财经大学出版社

本书由上海财经大学浙江学院发展基金资助出版

图书在版编目(CIP)数据

浙中调查2020:扎根浙中大地 助力乡村振兴/上海财经大学浙江学院浙中调查项目组编著.—上海:上海财经大学出版社,2022.9
ISBN 978-7-5642-3978-7/F·3978

Ⅰ.①浙… Ⅱ.①上… Ⅲ.①农村-社会主义建设-调查研究-浙江 Ⅳ.①F327.55

中国版本图书馆CIP数据核字(2022)第100826号

□ 责任编辑　肖　蕾
□ 书籍设计　张克瑶

浙中调查2020
扎根浙中大地　助力乡村振兴
上海财经大学浙江学院浙中调查项目组　编著

上海财经大学出版社出版发行
(上海市中山北一路369号　邮编200083)
网　　址:http://www.sufep.com
电子邮箱:webmaster @ sufep.com
全国新华书店经销
上海华教印务有限公司印刷装订
2022年9月第1版　2022年9月第1次印刷

787mm×1092mm　1/16　12.25印张(插页:2)　231千字
定价:49.00元

著作者

上海财经大学浙江学院浙中调查项目组

编委会

主　任

王建新　　马　洪

编　委
（以姓氏笔画为序）

王明照	王　盛	韦金红	尤　磊	孔德民	冯润民
刘荣华	刘　洋	关春华	许海亚	李　觅	李宛荫
杨光安	吴文茹	吴京京	张正亮	武　斌	范宝舟
范　静	周利兵	郝　云	荣世强	胡志明	徐　睿
奚　欢	高东霞	龚　剑	熊　璞	潘徐恩	潘海远

主　编

孔德民

副主编

张正亮

执行主编

郝　云　潘徐恩　李宛荫

前 言

当前，我国正处于实现"两个一百年"奋斗目标的历史交会期，从全面建成小康社会到开启社会主义现代化建设新征程的转变期，从脱贫攻坚到实现共同富裕目标的重要转换期。党的十九届五中全会提出，优先发展农业农村，全面推进乡村振兴。没有农业农村的现代化，就没有国家的现代化；没有乡村的振兴，就没有中华民族的伟大复兴。在乡村振兴过程中，我们要充分利用乡村的自然资源，特别是利用生态资源促进经济发展，探索促进生态与经济和谐发展的生态经济发展新路径，突出以生态文明为特色的文明新形态的优势力量。习近平同志在浙江省工作期间提出了"绿水青山就是金山银山"的重要理论。近些年来，浙江乡村建设在生态经济协调发展中取得了较多成绩，形成了一些成功的经验，同时也存在一些亟待解决的问题。在此背景下，上海财经大学浙江学院确立了本次调研的主题"乡村生态经济发展现状研究"。调研活动让大学生充分了解浙中地区的生态经济发展现状，从问题出发，发现问题并提出解决之策。

本次调研的主旨在于：一是通过实践教学，学院更好地实现立德树人根本任务。作为思政课教学的重要环节，乡村调查是深入贯彻立德树人根本任务的重要工程。浙中调查是上海财经大学浙江学院的特色与品牌。"走千村、访万户、读中国"，把论文写在祖国的大地上，对培养学生的家国情怀，了解国情、社情、民情起到了非常重要的作用。这种实践教学模式彰显"使命意识""特色意识""创新意识""主体意识"和"互动意识"，推进了中国特色社会主义理论的"三进"工作，确立了理论教育与实践教育相结合的育人机制。实地调研培养了学生的问题意识、责任意识，形成"情理交融"的体验特色，打通最后一公里，有助于全过程、全方位培育担当时代重任的社会新人。

二是通过文献调研、问卷调研、观察调研、对比分析等多种方法，调研能够更真实全面地了解情况，为政府提供决策咨询服务。通过调研得到的信息，以及深入研读中央、浙江省及金华市有关乡村振兴发展，尤其是生态经济发展的系列政策，大学生对乡村自然环境、乡村生态经济发展现状、村民生活条件、乡村人口结构、乡村党建工作、核心价值观宣传等进行全方面的观察，获取了真实有效的原始资料。通过认真仔细分析和挖掘，本次调研总结出了一些有益的经验，为我国的乡村振兴，将绿水青山成功转化为金山银山提供了可推广可复制的成功经验。如乡村生产生活方式绿色转型成效、能源资源的合理配置、主要污染物排放总量持续减少、生态环境持续改善、人居环境明显改善；建立多层次、多梯度的生态产品开发体系，进行不同梯度的产业开发，延长产业链条，提高产品附加值；比较成熟的"生态＋农业""生态＋服务业"开发模式。后期通过对调研收集的一手数据进行持续深入的挖掘和分析，凝练出典型案例，以向外推广。

三是通过调查发现了一些问题并提出相应的对策供政府部门及乡村参考。此次调研覆盖了金华大部分乡村，充分考虑地域性差异，结合农业经济类型、居民对政策认可程度、居民意识形态等存在的地区差异性，希望能在构筑新发展格局、长三角一体化发展等国家战略实施的历史机遇中，为金华市建设匹配乡村振兴新格局，服务地方发展，助力乡村振兴。

习近平总书记指出："绿水青山和金山银山绝不是对立的，关键在人，关键在思路。"要力争找到推动绿水青山向金山银山转化的科学路径，关键是新的思路。可喜的是本次浙中调查圆满地完成了这项工作，大学生们深入农村调查、访谈，充分了解当地生态经济状况和农村经济发展新模式，在思考问题的同时加强了对国情、社情、民情的了解，立志为乡村振兴做出应有的贡献。同时，调研引发了大学生们深层次的思考，这对他们的人生目标、职业理想的树立势必产生重要影响。

本次调研还为我们思考乡村振兴提供了诸多启示，明确了中国特色社会主义进入到全面开启生态文明建设的新时代。如何将"两山论"的科学理念落到实处，如何将生态文明建设实施到位，是当前浙中地区实现绿色发展、创新发展面临的关键命题，也是我们要思考和研究的课题。生态振兴是实现乡村振兴战略目标的重要途径，乡村的生态环境和农业、农村、农民的生存发展是休戚与共、相辅相成的利益共同体。生态兴，则乡村兴；环境美，则乡村美。建设浙中地区生态经济对于全面实现乡村振兴战略、维护城乡生态公正、建设美丽宜居乡村等具有重要的意义。

因此，在乡村振兴的进程中，乡村不能"振"而"不兴"，做好、做实、做强乡村生态经济是十分重要的一个环节，只有充分发挥生态环境保护和生态振兴的重要作用，才能真正实现乡村振兴的目标，提高经济发展质量和人民生活水平。关于这个课题，浙中地区的实践取得了很好的成效，进一步说明了"两山论"为处理人与自然和谐发展提供了正确的理论指导，也为乡村发展实现绿色化转型提供导向。但是调研发现，浙中地区乡村生态经济呈现出一些新变化和新问题，面临新要求和新挑战。这些问题主要体现在如何实现经济与生态环境的协调性和高质量上。乡村生态经济的高质高效发展决定了乡村振兴建设的深度与广度，实现"全面小康，浙中崛起"目标，就要更加深入地思考如何在保障绿水青山的同时走出乡村经济的创新致富之路，在现实中开创出集生态保护、休闲旅游、文化推广、绿色可持续发展于一体的乡村生态经济模式，并以此进一步改善当地居民人居环境、经济收入和生活水平，共同实现美好生活，构筑生产空间集约高效、生活空间宜居适度、生态空间水清景秀的"三生"共赢的发展格局。

本项目得到了上海财经大学浙江学院发展基金专项资助。

目 录

第一篇 乡村生态经济发展

第一章 乡村生态经济调研的基本概况 3
第一节 乡村生态经济调研的背景与目标 3
第二节 乡村生态经济调研的基本方法 5
第三节 乡村生态经济调研问卷的基本情况 6

第二章 浙中地区乡村生态经济发展的基本情况 9
第一节 浙中地区乡村生态经济发展的主要支撑 9
第二节 浙中地区乡村生态经济发展存在的问题 13

第三章 村民对生态经济认知现状 17
第一节 村民对生态经济相关概念的了解现状 17
第二节 村民生态经济参与现状 21
第三节 村民风险意识现状 23

第四章 "两山论"在浙中地区的双向转化 26
第一节 浙中地区践行"两山论"的现实意义 26
第二节 浙中地区生态经济发展的挑战 27
第三节 浙中地区践行"两山论"的路径 33

第五章 生态经济对乡村振兴的影响 36
第一节 党建引领:发挥基层党组织的战斗堡垒作用 36
第二节 实现乡村生态经济赋能乡村振兴 39

第三节　在乡村振兴中着重体现生态经济优势 ································ 42

第六章　浙中地区乡村生态治理现状与措施 ································ 45
　　第一节　浙中地区乡村生态治理的整体情况 ································ 45
　　第二节　浙中地区乡村生态治理的具体问题 ································ 47
　　第三节　浙中地区生态治理措施 ································ 50

第二篇　文化·素养·财富观与乡村生态经济

第七章　生态经济视角下浙中地区民俗文化研究 ································ 55
　　第一节　浙中地区民俗文化调研基本情况 ································ 55
　　第二节　浙中乡村民俗文化发展中存在的问题 ································ 67
　　第三节　推动浙中乡村民俗文化发展的对策建议 ································ 69

第八章　文化素养与生态经济 ································ 72
　　第一节　文化素养与生态经济关系的调研情况 ································ 72
　　第二节　文化素养提升与生态经济发展的对策建议 ································ 81

第九章　浙中地区乡村居民财富观教育 ································ 83
　　第一节　浙中地区乡村居民财富观教育情况 ································ 83
　　第二节　浙中地区乡村居民财富观教育的建议 ································ 94

第三篇　党建调研

第十章　党建调研概述 ································ 99
　　第一节　调研背景 ································ 99
　　第二节　调研目的 ································ 104
　　第三节　调研对象 ································ 105
　　第四节　调研内容和调研方式 ································ 106

第十一章　基层党组织在疫情防控中的引领作用 …… 110
第一节　确保疫情防控政策贯彻落实到位 …… 110
第二节　党旗在农村疫情防控第一线高高飘扬 …… 116
第三节　"不忘初心、牢记使命"主题教育的一次深刻实践 …… 118

第十二章　金华农村地区疫情防控措施及成效 …… 122
第一节　全国疫情防控举措总体情况 …… 122
第二节　金华农村地区疫情防控措施总体情况 …… 124
第三节　金华农村地区疫情防控的主要措施 …… 127

第十三章　农村地区疫情防控面临的挑战与对策 …… 136
第一节　农村地区疫情防控工作面临的挑战 …… 136
第二节　疫情防控对农村地区提升乡村治理水平的启迪 …… 140
第三节　疫情后金华农村地区乡村振兴的机遇和挑战 …… 144

附录　2020年度浙中调查社会媒体报道集 …… 149

第一篇
乡村生态经济发展

乡村生态振兴是实现乡村振兴战略目标的重要途径，乡村的生态环境和农业、农村、农民的发展休戚与共、相辅相成。生态兴，则乡村兴；环境美，则乡村美。建设浙中地区生态经济对全面实现乡村振兴战略、维护城乡生态公正、建设美丽宜居乡村等具有重要的意义。结合问卷调研与访谈，我们从浙中地区乡村生态经济发展的主要支撑及浙中地区生态经济发展存在的问题两方面分析研究，从中了解浙中地区农村居民对生态经济的认知现状，为浙中地区生态文明建设提出有益的建议。

生态问题不仅仅是一个社会问题，同时也关乎发展，关注生态经济发展，对未来的经济发展具有前瞻性的指导作用。中国特色社会主义进入了全面开启生态文明建设的新时代。如何将"两山论"的科学理念落到实处，如何将生态文明建设实施到位，如何走好中国特色社会主义乡村振兴道路，让每一寸耕地都成为丰收的沃土、让每一片田野都充满着希望，是当前浙中地区实现绿色发展、创新发展面临的关键命题。乡村振兴战略关系着广大老百姓的切身利益和对美好生活的向往的实现，实施乡村振兴战略既是党和政府未来工作的战略目标，也是广大农村居民最为深切的期盼。建设"浙中美丽乡村"，需要政府相关部门有所作为、统筹规划，并倡导村民共同参与生态治理的"攻坚战"。

第一章

乡村生态经济调研的基本概况

习近平总书记在 2013 年 12 月 12 日至 13 日举行的中央城镇化工作会议上提出"让居民望得见山、看得见水、记得住乡愁"。结合浙江省"千村示范、万村整治"工程,目前浙中地区生态经济建设面临新要求,迎接新挑战,迈入新阶段。经济振兴必然是新时代乡村振兴的基石,生态经济建设更是乡村经济振兴的重要组成部分,乡村生态经济的高质、高效发展也决定了乡村振兴建设的深度与广度。为实现"全面小康,浙中崛起"目标,更重要的是如何以习近平总书记提出的"绿水青山就是金山银山"理论为指导,保障绿水青山的同时,走出乡村经济的创新致富之路,在现实中开创集生态保护、休闲旅游、文化推广、绿色可持续发展于一体的乡村生态经济模式,从而进一步改善当地的人居环境、提高经济收入和生活水平,共同实现美好生活,构筑生产空间集约高效、生活空间宜居适度、生态空间水清景秀的"三生"共赢的发展格局。

第一节 乡村生态经济调研的背景与目标

党的十九届五中全会提出了新时期发展 12 大主张,其中,"优先发展农业农村,全面推进乡村振兴""推动绿色发展,促进人与自然和谐共生"是重要内容。目前我国的生态经济发展实现新进步,生产生活方式绿色转型成效显著,能源资源配置更加合理、利用效率大幅提高,主要污染物排放总量持续减少,生态环境持续改善,生态安全屏障更加牢固,城乡人居环境明显改善。但个别地区存在守着绿水青山这个"金饭碗"去"讨饭"的现象。究其原因,就是没有找到推动绿水青山向金山银山转化的科学路径。习近平总书记指出:"绿水青山和金山银山绝不是对立的,关键在人,关键在思路。"

2018 年 9 月中共中央国务院印发《乡村振兴战略规划(2018—2022 年)》,2018 年 12

月中共浙江省委、浙江省人民政府发布《浙江省乡村振兴战略规划(2018—2022年)》。2019年12月,金华市认真学习贯彻落实党中央与省政府文件精神,出台金华市首个乡村振兴战略五年规划,即《金华市乡村振兴战略规划(2018—2022年)》,提出2020年发展目标为"广大农村与全市同步高水平全面建成小康社会,开展现代化'和美乡村'示范创建,农村一二三产业融合发展格局全面形成,乡村振兴取得实质性进展,制度框架和政策体系基本形成"[①]。

2020年12月16日,中国共产党金华市第七届委员会第八次全体会议通过了《中共金华市委关于制定金华市国民经济和社会发展第十四个五年规划和二〇三五年远景目标的建议》。该文件指出:"我市发展不平衡不充分问题仍然突出,重点领域关键环节改革任务仍然艰巨,创新能力不足仍然是制约高质量发展的突出短板,城乡区域发展和居民收入差距仍然较大,生态环保、民生保障、社会治理、防灾减灾等领域薄弱环节仍然不少"[②],其中,尤其强调城乡生态环境治理、农业农村现代化、创新绿色生态经济发展等生态文明建设存在的问题、计划与展望。

2020年是"十三五"收官之年,虽然新冠肺炎疫情的严重冲击及国内外形势复杂等因素均对金华市整体经济产生一定影响,但是地区生产总值依然有小幅度提升。《2020年金华市国民经济和社会发展统计公报》公布的数据显示,金华市地区生产总值(GDP)达到4 703.95亿元,按可比价计算,比2019年增长2.8%。其中,第一产业增加值157.17亿元,增长1.9%;第二产业增加值1 814亿元,增长0.4%;第三产业增加值2 732.79亿元,增长4.7%。三大产业对GDP增长的贡献率分别为2.3%、5.5%和92.2%。全市人均GDP(户籍)为95 431元(按年平均汇率折算为13 835美元),增长2.2%。计算得出,三次产业增加值结构为3.3∶38.6∶58.1(见图1—1)。[③] 根据公报数据分析产业发展态势,生态经济如何能够联合第一产业、第二产业与第三产业交叉发展并取得繁荣将是浙中地区发展过程中的必答题。目前第一产业面临着如何淘汰落后与过剩产能和向绿色技术创新转化的难题,第一产业、第二产业与第三产业在乡村生态经济中的创新发展又必须同时兼顾经济生态化与生态经济化两大趋势。如何有效地将政府扶持链贯穿于乡村建设下的"互联网+"新业态、智慧发展的数字模式及多产业融合,

---

① 打造"三生"融合发展的乡村振兴浙江样板,乡村振兴战略首个五年规划出炉[OL]. 中国·金华,http://www.jinhua.gov.cn/art/2019/12/27/art_1229159979_52736809.html,2019-12-27.

② 中共金华市委关于制定金华市国民经济和社会发展第十四个五年规划和二〇三五年远景目标的建议[OL]. 金华党史网,http://swdsyjs.jinhua.gov.cn/art/2020/12/28/art_1229393561_28876.html,2020-12-28.

③ 2020年金华市国民经济和社会发展统计公报[OL]. 中国·金华,http://www.jinhua.gov.cn/art/2021/2/23/art_1229486332_59211546.html,2021-2-23.

值得进一步探索。

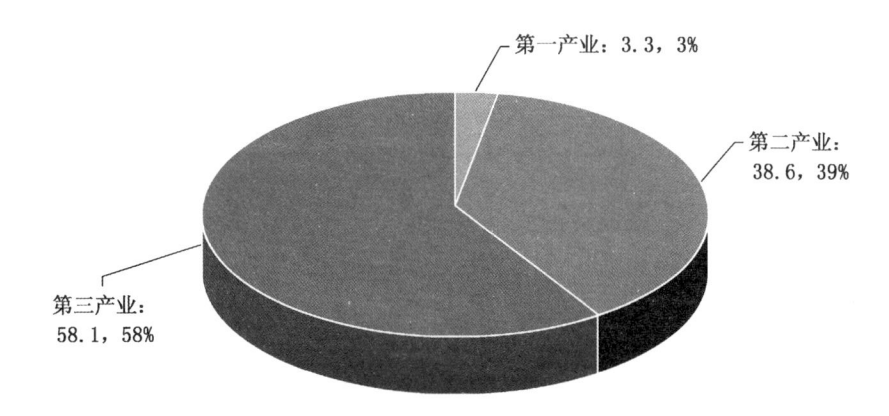

图 1-1 2020 年金华市三次产业结构

为真实了解乡村生态经济现状,并为制定有关乡村生态经济发展的政策提供有效数据支撑,助力政府培育乡村新经济新业态,实现乡村生态经济建设新进步,上海财经大学浙江学院浙中调查项目组针对乡村生态经济开展专题调查。项目组通过文献调研、实地调查、网络信息搜索、查阅政府文件等途径尝试总结浙中地区乡村生态经济发展现状;通过问卷与谈话调研,深入浙中各地乡村走访居民了解实际,获取第一手资料,了解政策实际推行情况并形成报告,探寻浙中地区生态经济建设发展新路径;立足实践,通过政校合作的方式,服务地方乡村生态经济发展,切实为浙中地区乡村振兴建设添砖加瓦。

第二节 乡村生态经济调研的基本方法

本次乡村生态经济调研主要采用以下几种方法:

1. 文献调研法。调研前期,项目组查找、阅读、收集关于乡村生态经济发展的历史性资料,深入研读中共中央、浙江省及金华市有关乡村振兴发展,尤其是生态经济发展的系列政策。项目组以 2018 年 9 月中共中央国务院印发的《乡村振兴战略规划(2018—2022 年)》,2018 年 12 月中共浙江省委、浙江省人民政府发布的《浙江省乡村振兴战略规划(2018—2022 年)》,2019 年 12 月金华市发布的《金华市乡村振兴战略规划(2018—2022 年)》,2020 年 12 月金华市发布的《中共金华市委关于制定金华市国民经济和社会发展第十四个五年规划和二〇三五年远景目标的建议》等一系列文件精神为理论依据,准确把握乡村生态经济的正确发展脉络。

2. 问卷调研法。问卷调研团队由高校教师、大学生、政府志愿者及乡镇工作人员组成,通过匿名问卷、个别访谈、集体谈话等问卷方式,以"走千村、访万户、读中国"的形式走入浙中乡村。调研团队投入大量时间与精力,在全体调研人员的不懈努力下,最终获取大量有效、真实的原始资料。调研团队后期通过对收集到的一手数据进行持续深入地挖掘和分析,最终形成决策咨询报告,从而服务地方发展,助力乡村振兴。

3. 观察调研法。为全方位调研乡村生态经济发展进程中存在的问题,调研团队同时对乡村自然环境、村民生活条件、乡村人口结构、乡村党建工作开展情况、核心价值观宣传等方面进行观察,希望通过该方法,全面考察乡村生态经济发展中存在的困难,做到真实还原地区难处,深入挖掘发展困境,以求突破。

4. 对比分析法。调研除了实地考察浙中地区的地域特点、生态环境现状与治理、经济发展程度及人居环境,访谈政府部门及居民关于党建引领、产业振兴、生态振兴、文化振兴、人才振兴等多维度政策实践成效外,还选定四川省成都市战旗村作为样板示范的对比案例。在党建引领下,战旗村的生态经济发展模式既有其鲜明特点,做到因地制宜,又有其可借鉴的共性特征。乡村生态经济调研不应局限于一个地区的发展,应打开格局,向外寻求成功经验,从其他区域的发展中找寻值得学习的进步之处,思考其他区域在发展中遇到难题时的解题思路,重视其不足之处,通过比照与自省,才能从实际中发现并重视地区弱势,放开眼界开辟发展新角度。

第三节 乡村生态经济调研问卷的基本情况

调研问卷是乡村生态经济调研活动的重点内容,问卷数据为分析报告夯实信息基础。在问卷设计过程中,项目组充分考虑了问卷问题应指向什么方向、应覆盖哪些群体、应如何搭建问题之间的联系性、以何种分析逻辑才能剖析出深层原因等问题,保证了调研结果的客观性、真实性、全面性、深入性,有利于提高调研结果参考价值。

一、调研问卷涉及内容

乡村生态经济调研问卷按照内容分析逻辑共分为以下五个部分:

一是浙中地区生态环境基本情况。问卷从政府支持、居民自身努力、农村集体经济发展等方面考察发展乡村生态经济的主要支撑,梳理地区生态经济发展依然存在的科学技术创新问题、政府支持力度问题、人才缺失问题。

二是以乡村居民视角,关注居民作为乡村主体的个体感知与经历,从居民对生态经济基本概念和发展模式的了解程度、居民对当地生态产业前景的认识及发展生态经济对收入的影响勾勒居民生态经济认知状况。问卷从居民加入生态农业生产的意愿、对专家指导乡村生态经济模式接受程度等问题，侧面了解居民对生态经济参与的接受度与认可度，结合村民风险意识现状，合理反映居民对生态经济发展的信心与担心。

三是站在"两山论"的双向转化角度，从地区生态问题、污染企业进村的意向调查、当地生态旅游文化产业的保留工作状态、生态经济产生的就业影响等，探讨党建引领绿色发展的成效，表现出浙中地区发展"两山经济"的决心。

四是生态经济对乡村振兴的影响。由于乡村振兴的实现必然要依赖于生态经济的发展，因此问卷调研一方面涉及了乡村振兴中人口稳定、人才引进、就业保障等与之息息相关的问题，另一方面追问建立宜业宜居的美丽生态家园与乡村振兴如何协调发展，以此对比浙江省内生态经济发展成功案例，为浙中地区乡村振兴战略提供不同思路。

五是回归生态治理，通过对生态经济发展线路的分析，仔细勘察地区在经济发展中忽略的生态污染与治理乏力问题，为金华市 2022 年构筑"美丽山川＋美丽河湖＋美丽田园＋美丽城市＋美丽乡村＋美丽园区＋美丽家庭"的空间形态目标做好充分准备。

从问卷的主客观结构来看，客观选择题较多，共有 23 题；主观问答题较少，仅有 2 题。这种设定方式有两个优点：一是能够收集有效信息，获取大覆盖面的数据，可控地获得不同群体、不同年龄层的想法，避免出现因学历问题导致的主观题回答情况不佳的情况；二是以客观题为主，更容易得出基础数据，方便整合与分析，从而更好地为向政府建言献策提供宏观视角。

二、调研问卷分布情况

乡村生态经济调研覆盖金华 9 个县（市、区）、19 个乡镇（街道）、64 个行政村，深入 2 019 家农户，完成入户问卷 2 019 份、行政村问卷 72 份；围绕乡村生态经济发展，文化、素养、财富观与生态经济关系，农村疫情防控党建引领与乡村治理等设计问卷。调研回收各类问卷共计 2 131 份；其中，有效问卷 2 131 份。调研问卷题量足、数据覆盖广。

生态经济发展要兼顾人与自然、人与社会、人与人等关系，从而实现经济的全面、和谐、整体发展。乡村生态经济发展，离不开居民的参与。为进一步分析乡村生态经济发展进程中就业情况与意识形态建设落实状况，调研对象包含不同年龄层，调研问卷的统计数据呈现出一定的地域性。

三、乡村生态经济调研的特点

此次调研具有以下三个特点：

一是研究视角的创新。在调研中,项目组通过摸排、了解、确定浙中乡村生态经济发展现状及存在问题,不仅从经济角度、政策角度进行现状解读,而且以马克思主义认识论及生态伦理学为理论工具,论述浙中地区坚持美丽生态环境与绿色生态经济建设双轮驱动的必要性。

二是调查地域覆盖面广。此次调研覆盖金华大部分乡村,充分考虑地域性差异的可能性,结合农业经济类型、居民对政策认可程度、居民意识形态等存在的地区差异性,希望能在构筑新发展格局、长三角一体化发展等国家战略实施的历史机遇中,为金华市建设相匹配的乡村振兴新格局。

三是定量调查与定性调查相结合。调研结合文献分析与实证调查的研究方法,通过与金华市政府部门人员、乡镇负责人、各村村两委委员等交流与座谈,进一步了解不同乡村的生态经济建设现状、存在的问题及当前政策推行情况等,获得相关数据,运用统计分析等方法找出当前浙中地区发展进程中的矛盾。问卷中既有量化问题设计,又包含定性问题访谈设计,开放式的主观题设计使调研收获更多可挖掘的信息,能够进行充分的拓展和实践验证,得出的数据更真实,结论更为客观可靠,从而可以为优化乡村生产力结构布局、有序推进乡村发展提供基础信息。

第二章

浙中地区乡村生态经济发展的基本情况

乡村生态振兴是实现乡村振兴战略目标的重要途径,乡村的生态环境和农业、农村、农民的生存发展是休戚与共、相辅相成的利益共同体。生态兴,则乡村兴;环境美,则乡村美。建设浙中地区生态经济对于全面实现乡村振兴战略、维护城乡生态公正、建设美丽宜居乡村等具有重要的意义。结合问卷调研与访谈,本章将从浙中地区乡村生态经济发展的主要支撑及存在的问题两方面,为乡村振兴战略下浙中地区生态文明建设现状提出建议。

第一节 浙中地区乡村生态经济发展的主要支撑

在乡村生态经济的发展过程中,政府、社会、乡村居民发挥着不同的作用。为进一步分析浙中地区发展乡村生态经济过程中各相关因素的影响程度,问卷获取了政府资金支持、农民自身努力、农村集体经济发展、国家制定政策、招商引资五个主要因素的影响比重。由图2—1可知,37.4%的村民认为发展乡村生态经济的主要支撑为政府的资金支持,27.64%的村民认为离不开自身努力,18.25%的村民认为需要依靠农村集体经济的发展,还有一部分人认为主要依靠国家制定政策和招商引资。浙中地区的生态经济发展必须依靠多方力量共同努力,以下将从政府资金支持、村民自身努力、农村集体经济发展三个方面展开现状分析并提出建议。

选项	百分比
A. 政府资金支持	37.4%
C. 农民自身努力	27.64%
B. 农村集体经济发展	18.25%
E. 国家制定政策	9.57%
D. 招商引资	7.13%

图 2-1 发展乡村生态经济的主要支撑

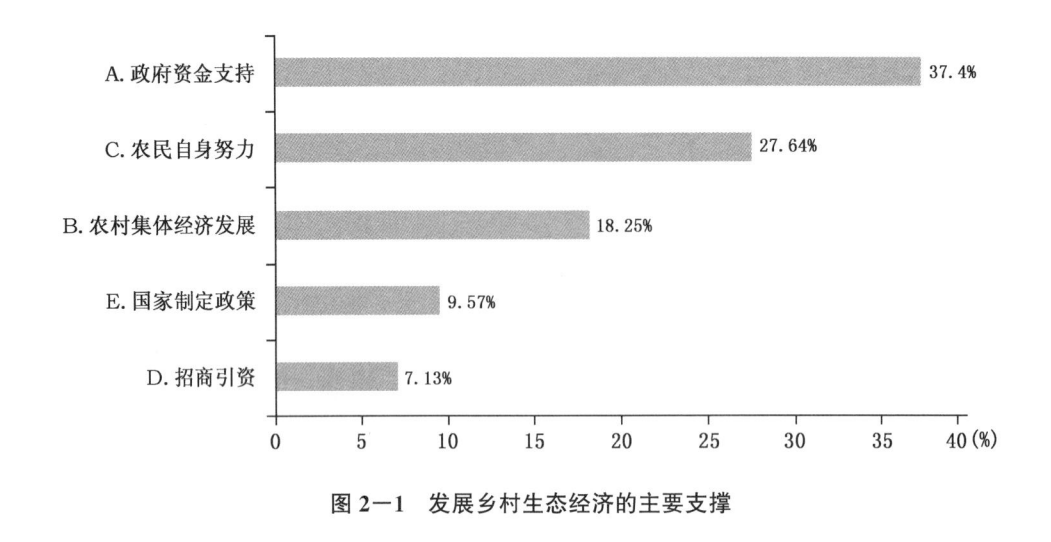

一、政府资金支持

改革开放以后,我国城市化进程加快,为经济发展提供了充足的动力,但是乡村地区相比城市还是处于发展相对缓慢的状态,城乡发展差距对我国经济建设造成了一定的困难。近年来,我国政府加大对农村地区的人力、财力支持,提高宏观调控能力,用好政府之手激活市场之手,实现支持乡村振兴最大乘数效应,部分地区已出现飞跃式的发展。

调研数据显示,在浙中地区居民心目中,发展乡村生态经济离不开政府资金支持。政府资金的支持对于改善人居环境,提高居民生活水平,推动乡村生态经济发展等已有显著成效。一是加快推进乡村交通基础设施建设。山路居多的浙中地区因交通不便影响了与外界的往来,近几年,政府已加大资金支持力度,建设其他地区通往该地区的道路或者桥梁,实现该地区和外界的沟通。二是加强乡村公共设施建设,尤其是公共卫生间、停车场、住房等基础设施的建设。三是政府通过制定各种政策促进乡村振兴,如转变财政扶持方式,发挥财政资金的撬动作用,对农业农村项目进行扶持;统筹整合各级农业生产发展,以项目整合促进资金整合,最大限度地发挥财政资金使用效益;统筹利用农村用地,鼓励农村土地综合整治,支持集体经济的发展,支持农村产权要素流转;支持现代农业发展和农业规模化、标准化生产;支持休闲农业和乡村旅游,培育乡村休闲农业产业基地,推进农业和旅游、教育、文化等产业的深度融合;支持电商直播带货等多种模式。四是以政府资金支持作为企业研发创新资金的重要外部来源,一方面使企业能够合理利用政府的资金投入,将更多的资金投入到研发创新中,从而实现企业创新速度提升;另一方面,政府通过给予企业税收优惠政策,增加了企业可支配的现金流,相对降低乡村企业的研发成本。企业只有通过不断开发新技术、产出新产品,才能在激烈的竞争市场中生存下来,走一条可持续发展的道路。总之,要实现生态经济的稳步发展,谱写新时代乡村振兴新篇章离不开政府的大力支持。

二、村民自身努力

村民自身努力排在生态经济发展支撑因素的第二位,27.64%的村民认为"离不开自身努力",这说明目前农村集体经济还不够发达,关键还要靠村民自己。当前,我国正在稳步推进乡村生态经济建设,为实现乡村振兴战略产业兴旺的目标,浙中地区乡村生态经济未来将以发展绿色农业、休闲农业、乡村旅游等新产业为主要方向,这需要村民的大力配合。浙中地区山清水秀,自然环境优美,但整体建设与城市依然存在一定差距,各村居住环境、网络不稳定等客观因素的存在,在一定程度上影响了旅游业的发展,因此该地区对旅游者的吸引力依然有待提高。面对这些客观因素的阻碍,浙中地区需要创新乡村旅游发展模式,增加地区旅游客流量,以原生态的环境美和更舒适的体验感留住旅游者。

首先,该地区的村民应注意提升环境卫生质量,自觉维护环境卫生质量,按照宜居宜业的标准对乡村环境进行保护,以更好的生态面貌来迎接旅游者。其次,村民可将"绿色发展+健康生活"的观念引入旅游,开发绿色有机农作物的种植及果园采摘项目,丰富农家乐内容,提升旅游项目内涵。再次,传统村落、少数民族特色村寨、历史文化名村等记载着中国优秀文化的变迁史,是彰显和传承中华优秀传统文化的重要载体,[①]该地区农民应弘扬当地的优秀传统文化,充分利用微信、淘宝、抖音等互联网平台,跟上时代的步伐,结合当地的优秀传统文化、社会主义核心价值观,创造出一系列内容丰富的文化产品,成为引导乡村振兴的精神力量。最后,要实现乡村振兴,更离不开村干部的努力。乡村振兴战略提出后,村干部除了维系农村基本秩序外,更需要带领乡村发展。为实现乡村的产业兴旺、乡风文明、生活富裕,村干部不能止步于"守夜人"的角色,要进一步发挥自己的能力和魄力,成为乡村振兴发展中村民的榜样,带领村民发家致富。

三、农村集体经济的发展

农村集体经济是我国农村经济的重要组成部分,是坚持和完善统分结合的双层经营

---

① 中共中央国务院印发《乡村振兴战略规划(2018—2022年)》[OL]. 中华人民共和国国务院新闻办公室,http://www.scio.gov.cn/xwfbh/xwbfbh/wqfbh/39595/40784/xgzc40790/Document/1657666/1657666.htm,2019-06-24.

体制的制度基础。农村集体经济是以土地集体所有为基础,生产资料归农村成员共同所有,实行共同劳动、共同享有劳动果实的经济组织形式。① 党的十九大报告提出"实施乡村振兴战略,深化农村集体产权制度改革,保障农民财产权益,壮大集体经济"。习近平总书记也在多个场合反复强调发展壮大农村集体经济对于"三农"工作的推进是十分重要的。农村集体经济是实现乡村振兴的重要支撑,推动了农业农村现代化建设,促进农村经济社会发展,加快实现城乡融合发展的速度,完善乡村治理结构,提升基层公共服务水平,对实现农村的可持续发展具有重要意义。② 乡村集体经济实力强的地方,往往产业兴、乡村美、村民富、人心齐。

调研数据显示,乡村集体经济对建设发展乡村生态经济的影响力排在第三位。在浙中地区,乡村集体经济占比较高,其对农民经济收入等各方面均产生正面影响。一是乡村集体经济的发展和农民的收入成正比例关系,通过发展农村集体经济,让农村地区在高速城市化以及工业化的过程中缩小和城市之间的收入差异,提升居民生活质量。二是随着城市化的推进,农村有很多空闲的土地资源,而通过发展农村集体经济,可以把闲置的土地充分利用起来,发展带动村民致富的支柱产业,形成有规模的产业,助力乡村经济,以期吸引更多人才返乡发展。三是乡村集体经济的优质发展增强了群众对基层党组织的信任,政府执政能力的提升有助于进一步统筹乡村生态经济发展。四是该地区集体经济发展过程中,一直在探索股份合作制模式。股份合作制把每个农民转变为股民,农民投入一定的资金,资金转变为股金和资产,合作社对农民股份进行量化,使得农民的身份转化为股东。这种模式把分散的农民进行结合,把分散的资源(比如资金、土地、人力等)结合起来,既可以实现资源的集中配置,也可以提高农产品生产的达标率,还可以提高农民的积极性,最终提高农业生产效率,助力集体经济实现新的超越。

目前浙中地区的农村集体经济发展也面临着很多问题,如产权管理不当、经营管理机制落后、集体资产较少、发展思路过窄、自然资本统筹有限、人力资源不足、基础设施薄弱、技术力量薄弱、监督管理体系不完善等。面对这种情况,不仅需要优选带头人、创建优秀的领导班子,还需要实现多种模式发展、完善农村集体运行机制、加大扶持力度等,最终实现农村全面发展。综上所述,农村集体经济的发展对于深化农村供给侧结构性改革、实现乡村经济高质量发展、推动乡村全面振兴意义重大。但是农村经济的发展也必须结合当地实际情况,探索出符合本地区的发展模式。同时,政府也应该制定切实可行、容易实施的扶持措施。壮大集体经济,需要着眼于多重要素、采取多种方式,这样才能真

---

① 彭海红. 中国农村集体经济的现状及发展前景[J]. 江苏农村经济,2011(1).
② 刘义圣、陈昌健、张梦玉. 我国农村集体经济未来发展的隐忧和改革路径[J]. 经济问题,2019(11).

正地实现乡村振兴。

第二节 浙中地区乡村生态经济发展存在的问题

在调研浙中地区生态经济发展存在的问题时,问卷设计了6个选项。由图2-2可知,对于该地区生态经济发展的首要问题,26.14%的村民认为是资金技术等资源不足,21.4%的村民认为是政府的支持力度不够,19.71%的村民认为是农民的理解和配合不够,15.2%的村民认为是缺少带头能人。

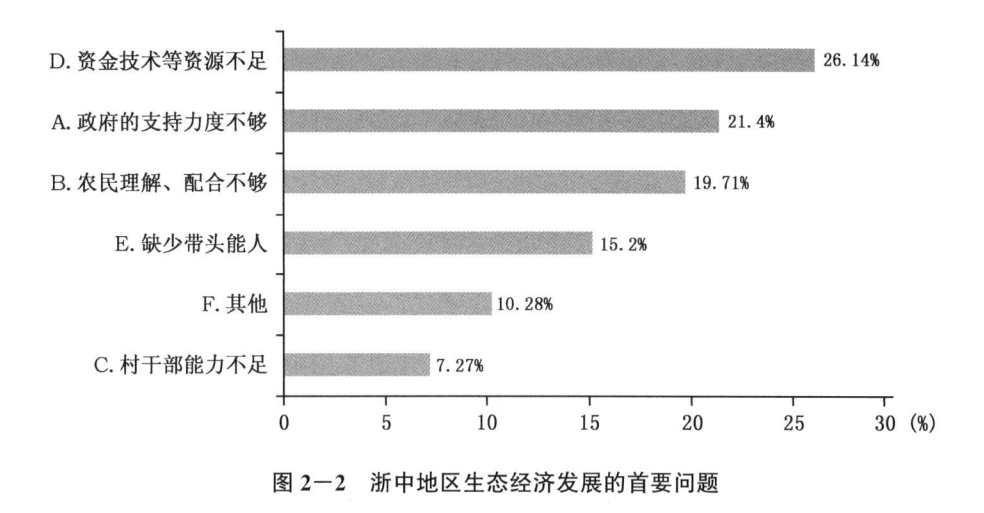

选项	比例
D.资金技术等资源不足	26.14%
A.政府的支持力度不够	21.4%
B.农民理解、配合不够	19.71%
E.缺少带头能人	15.2%
F.其他	10.28%
C.村干部能力不足	7.27%

图2-2 浙中地区生态经济发展的首要问题

浙中地区生态经济发展限制性因素较多,但综合起来,归结为以下三个主要方面:

一、乡村生态经济发展缺乏科学技术创新

针对地区生态经济发展存在的问题,26.14%的村民认为是资金技术等资源不足,占比排在第一位。改革开放以来,我国经济、科技、教育等方面取得的历史性进展,为科技精准供给驱动乡村振兴提供了基础。党的十九大报告指出,依靠科技创新培育乡村发展新动能。乡村生态经济发展和科学技术水平密不可分,加强科技创新是提高农村生态经济发展的重要途径。2018年8月科学技术部印发《关于创新驱动乡村振兴发展的意见》,提出了科技支撑、创新引领乡村振兴的根本指向。提高农业生产力,就必须把现代化生产和加工技术引入农村地区,结合乡村各个地区不同的自然条件,建设技术转化应用服务体系,通过科技创新驱动乡村内生发展,走中国特色科技驱动乡村振兴的发展道路。生态农业的发展能够在一定程度上减少农业生产过程中产生的不必要浪费,为促进

生态农业经济的发展,更需借助先进生产技术进一步提高农业资源的生产和利用效率,进而达到促进农业经济增长和农民增收的目的。[①]

目前,我国乡村振兴仍面临着技术水平低、创新能力弱的问题。在农业科技发展过程中,浙中地区也存在科技含量较低的问题。一方面,在工业化城市进程中,"虹吸效应"使得该地区的劳动力、资金、技术等要素向城市和非农业部门转移,科技的引进和转化失去依托。很多科技创新人才为了获得更好的发展机会,想办法去更高的平台深造,造成乡村科技创新人才大规模流失,使得乡村陷入"失血——衰落——再失血——再衰落"的恶性循环,并呈不断加剧之势。另一方面,该地区的生态科技供给不足,农产品"多而不优"、竞争力不强,无法满足消费升级环境下人们对优质农产品的需求。农村垃圾、废水等问题对人居环境的影响日益严重,削弱了该地区聚集优质要素的能力,对优质自然资源的开发造成影响,成为该地区生态经济发展的根本制约因素。强化科技供给是国内外乡村建设的必然选择,日本通过实施"一村一品"发展模式,实现乡村振兴;韩国"新村运动"经验也被很多国家效仿;美国把发达的科技推广应用到农业发展,有效实现了城市与乡村、工业与农业的均衡发展;我国近年来也建设了一大批高质量、高标准的示范基地,实现"互联网+"助推农业产业化的多元特色发展。以新一轮科技革命为引领,结合浙中乡村各个地区情况,借鉴国内外有益经验,寻找适合区域需求的科技精准供给,不仅可以缩小城乡差距,也能够加快新动能的培育,引领乡村全面振兴。

二、政府赋能手段有待改善

在乡村振兴战略的推广下,政府在建设乡村生态经济中有着基础性的兜底功能,起着非常重要的引领作用。在调研过程中,不同小组分别对受访者的家庭状况、农业生产、生态环境等问题开展了问卷调查。其中,鹤岩山村一位91岁高龄的受访村民表示,这几年政府重视农村居家养老建设,全村70岁以上的老人每个月都可以领到国家补贴,90岁以上老人的午饭和晚饭由村里统一安排;乡村的公共基础设施完善后,大部分村民通过种植葡萄、橘子和佛手等经济作物提高了收入。浙中地区政府资金支持为生态经济发展提供了有力支撑。

但整体而言,政府赋能手段有待进一步改善。此次调查中,仍有21.4%的村民认为存在的问题是政府的支持力度不够,占比排在第二位。一方面,部分地方政府传统观念的影响因素依然存在,一直坚持以高速增长为目标的粗放发展模式,缺乏正确的生态发

---

① 李国英. 乡村振兴战略视角下现代乡村产业体系构建路径[J]. 当代经济管理,2019(10).

展理念,导致乡村的环境资源遭到破坏,这也成为制约乡村生态经济发展的因素。浙中地区部分乡村政府过于注重经济的发展速度,对于环境资源缺乏保护,尤其是为了追求短期的经济效益,引进易造成污染的工厂,加剧了环境破坏的程度。这些工厂缺乏科学的绿色发展政策,工业废水、废弃物等使得农村的耕地和水资源遭到破坏,从长远来看,极不利于乡村经济的可持续发展。发展乡村经济,需要保证乡村经济发展的整体性和协调性,在提高效益的同时,还需要保障生态系统的有序运作。倘若执着于经济效益,破坏生态效益,必然会遭到大自然的反噬。另一方面,部分乡村政府工作机制尚不健全,部门间权责界定不清晰,工作效率不高,还存在协调配合不力的情况。政府不同部门之间信息资源共享程度低,导致工作推进速度无法达成一致,部分地区基础配套设施及污染源处理等问题未能及时得到政府的高度重视和有效解决。因此,该地区乡村生态经济的发展,需要政府真正地重视起来,制定符合生态平衡、地区经济发展新需求的产业发展规划,通过对乡村产业结构的不断调整和优化,制定和本地区相符合的环境保护措施和惩处办法;秉持绿色发展理念,将乡村组织建设、文化建设、运行机制建设有机结合,这也是建设美丽乡村、持续健康发展的根本保障。

三、乡村生态经济发展中的人才缺失问题

建设乡村生态经济,加强农村生态文明建设,必须把人力资本开发放在重要位置,源源不断地培养出符合新时代要求的农民、掌握高科技的人才,才能真正实现乡村创新创业。现阶段,随着城市化的高速发展,乡村地区大量人才更倾向于定居城市,人才流失在一定程度上制约了该地区教育发展水平的进一步提升,高素质、高能力的年轻人才匮乏不仅直接影响乡村经济发展,也不利于生态文明建设的高效落实。

此次调查中,15.2%的村民认为存在的问题是缺少带头能人,占比排在第四位。一方面,该地区近几年有人才回流趋势,但乡村常住群体多为空巢老人及留守儿童,这些群体受教育水平有限,大多时候无法为地区发展大局建言献策。另一方面,留守村民对于生态、经济、文化方面的专业知识理解不够,生态意识、科技创新意识还很薄弱;村民在政府生态经济建设政策推行过程中配合度不够高,对于生态经济发展与生态治理的参与感不是很强,尤其当经济利益和生态利益冲突的时候,农民可能会选择把经济利益放在首位,缺乏主动承担生态发展事业的责任。

人才缺失是浙中地区生态经济发展亟待解决的问题。一方面,应思考如何搭建具有专业性知识的职业农民培育工程,优化本地人才培养。另一方面,要加大人才引流力度,通过保证待遇、提供住房、契税补贴、特聘计划、创业支持等各种优惠政策,引入高层次、

高水平人才参与乡村治理,多渠道构建乡村振兴的人才体系,为乡村振兴提供源源不断的动力。

第三章
村民对生态经济认知现状

"知是行之始,行是知之成",认识不仅是行为的开端,还对人的实践活动起到指导作用。根据调查数据可知,浙中地区村民对生态经济的概念的理解仍处于浅层阶段,没有把握其深层次的内涵,导致村民对生态经济的产业构成、实现形式、发展路径等方面都存在一定程度上的误解。生态经济作为一个新事物,其内涵仍处于上升发展阶段,如果没有及时更新认识,势必会在实践阶段受到阻碍。

第一节 村民对生态经济相关概念的了解现状

一、村民对生态经济基本概念和发展模式的了解程度

为了掌握浙中地区村民对生态经济的了解情况,此次调查将村民对生态经济理念的了解程度纳入调查问卷。由图3—1可知,村民对生态经济基本概念和发展模式的了解情况,其中,59.5%的村民了解一点;听过且很了解的村民仅占比12.29%;28.2%的村民完全不了解。

从数据层面看,绝大多数村民对生态经济没有全面与深刻的理解,虽然有过半的村民对这一概念有一些了解,但这种了解也仅限于对生态经济表面意思的获取,即仅知道其存在。由此可见,生态经济相关理念的普及程度还远远不够。数据分析不能脱离社会现实,虽然只有极少数村民表现出对生态经济基本概念和发展模式的深度了解,但这也符合所谓的"二八定律",即人们对某一事物的了解情况展现出的不平衡是常见的。生态经济作为一种科学发展的理念与习近平总书记提出的"两山论"高度契合。党的十九大报告强调,绿水青山就是金山银山,必须要坚定不移地贯彻创新、协调、绿色、开发、共享

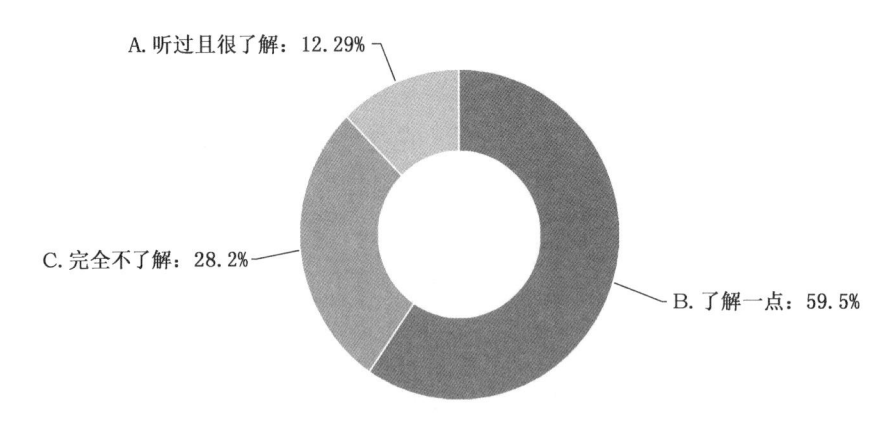

A. 听过且很了解：12.29%
C. 完全不了解：28.2%
B. 了解一点：59.5%

图3—1 村民对生态经济基本概念和发展模式的了解程度

的新发展理念,并把"推进绿色发展"作为生态文明体制改革、建设美丽中国的首要举措。一方面,乡村既是生态资源的聚集区,拥有耕地、森林、河流、湖泊等多种生态资源,又是生态监管的薄弱地带。村落分布密集,资源分布与行政区域规划并不一致,权责难以界定,增加了监管难度。另一方面,在城乡二元格局依旧存在的情况下,乡村在社会经济资源分配等层面必然处于劣势,发展生态经济则是实现乡村振兴的可行之路。马克思主义认为,人民群众是社会历史的创造者,是社会历史发展的绝对力量,任何战略的实施与成果都离不开人民群众的支持与拥护。中国共产党也将"从群众中来到群众中去"作为自己的工作方针。因此要实现绿色发展,走生态经济的发展道路,就必须贯彻落实相关理念,发动人民群众的力量。

二、村民对乡村生态经济的了解程度

浙中调查将村民对生态经济实现形式的认识纳入调查范围。由图3—2可知,大多数村民认为垃圾定点投放、保护自然生态环境、发展绿色循环经济属于乡村生态经济的内容;较少数人认为减少化肥使用量、厕所革命是乡村生态经济;了解其他形式生态经济的人数也较少。

以上数据,一方面体现了村民对乡村生态经济认识的不足,另一方面也给以后的理论普及指明了道路。从数据中不难发现,村民的选择倾向于"保护自然生态环境""发展绿色循环经济"等宏观词汇,对"减少化肥使用量""厕所革命"等与生产生活联系紧密的字眼敏感度不高。因此,后期的理论宣传要避免出现理论脱离实践的问题;要注意理论联系实际,注意贴近实际、贴近群众、贴近生活,注意将理论的宣传精准到人、精准到事。

图 3-2　村民对乡村生态经济的了解

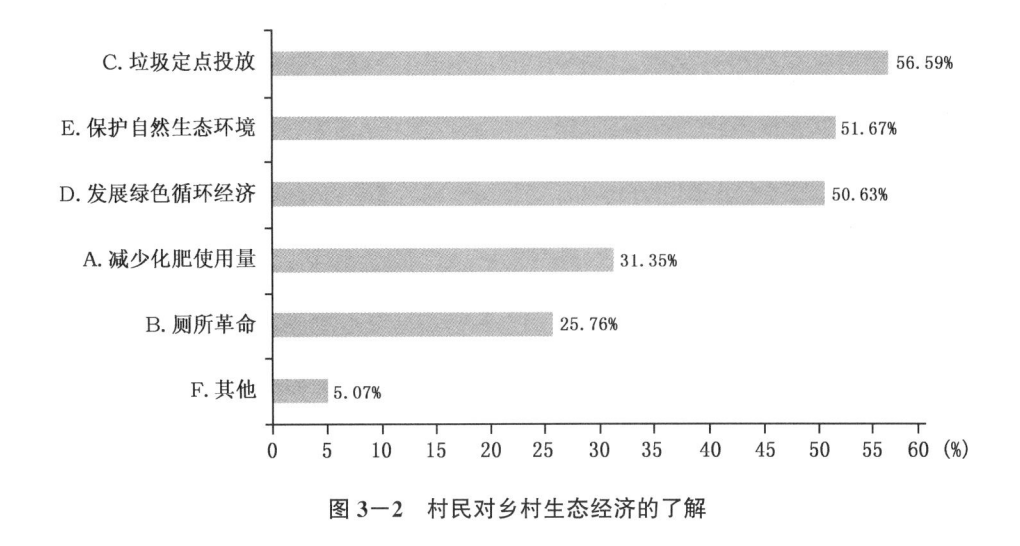

三、发展生态经济对村民收入的影响

发展生态经济的最终目标是提高居民收入,改善居民生活,实现共同富裕。由图 3-3 可知,54.01%的村民认为发展生态经济会对自身收入产生一定程度的影响;18.02%的村民认为发展生态经济会对自身收入产生很大程度的提升;25.95%的村民认为基本没影响。

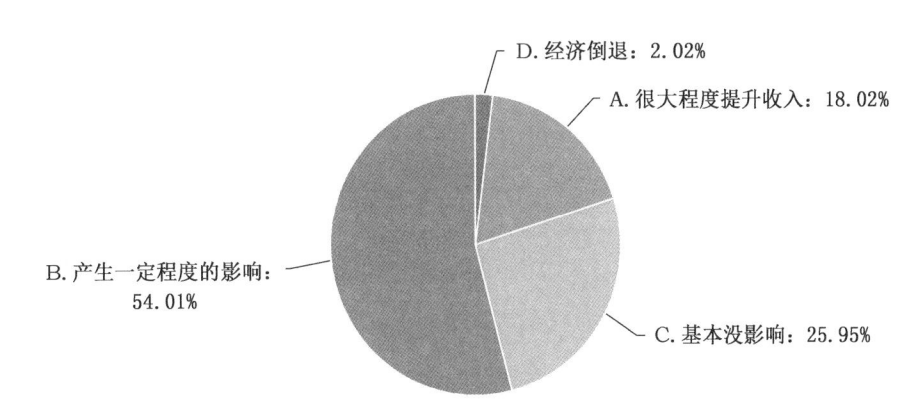

图 3-3　发展生态经济对村民收入的影响

以上数据反映了村民对生态经济的心理预期。虽然有超过半数的村民表示,生态经济对提高收入存在一定程度的影响,但这并不是一个非常肯定的表述。实践是人们认识的来源,村民对生态经济不温不火的心理预期也可被理解为,在现实层面上生态经济在乡村中发展不足,影响力有限。同时,开展生态经济建设是一项涉及面、受惠面都广的大型工程,是实现乡村产业转型升级、振兴乡村经济的重要抓手,也是推动建立生产发展、生活富裕和生态良好的新发展模式的着力点。要做好这样一项体量巨大的民生工程,就必须争取认为生态经济会带来经济倒退的关键少数,这可能是后续在基层落实工作的关键点与侧重点。

四、村民对当地生态产业前景的认识

村民对生态经济基本概念、实现路径和增收效果的认知情况决定了其对生态产业前景的判断。由图3—4可知,41.25%的村民对生态经济比较看好,23.46%的村民表示十分看好生态经济,26.42%的村民仍处于观察阶段,而8.87%的村民对生态经济的发展前景持悲观态度。从整体上看,村民对当地生态产业前景基本都持乐观预期,大多数村民比较看好或十分看好当地生态产业的前景,认为能够有所盈利;但部分村民仍持怀疑态度,认为其发展前景仍有待观察,或认为其发展潜力不大。这说明当地生态产业还处在发展的初始阶段,发展力度不够,村民存疑率依旧较高,该地区的生态产业仍有很大的发展空间。发展生态经济是实现乡村振兴的重要抓手,而对生态经济比较犹豫甚至持怀疑态度的关键少数是重要的争取对象。

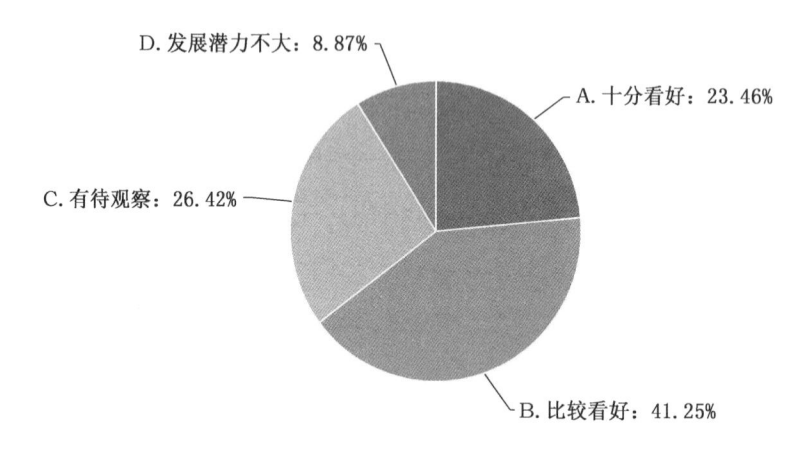

图 3—4 村民对当地生态产业前景的认识

当地村民对生态经济的认识不足,其主要原因可归纳为以下两个方面。一是农村人口老龄化严重且受教育程度不高。根据浙江省民政厅公布的《2017年老年人口和老龄事业统计公报》数据,截至2017年,金华市纯老家庭人口数达到35.40万人,位居浙江全省11个地级市的第二位,仅次于宁波市的47.15万人,老龄化程度较高。不仅如此,宁波、温州对金华的人口虹吸作用明显。村落内部的青壮年处于净流出阶段,农村成为"留守村",老年人比例较高。由于历史原因,老年人的受教育程度往往不高,而仍留在村中

谋生的壮年劳动力,也大多因为受教育程度所限而无法实现异地就业。因此农村整体的受教育程度不高,成为发展生态经济的首要阻碍。二是理论宣传乏力影响村民对生态经济的认识。由于金华农村老龄化严重且村民受教育程度不高,因此传统的宣传策略收效甚微。不仅如此,占人口比例较高的老年人由于无法维持生产实践活动,大多数已经脱离了生产领域。在这种情况下,理论宣传可能也会失去意义。在问卷调查过程中,村民对理论性问题的敏感度相对较低,但对同生活实际联系紧密的问题则敏感度相对较高,且在关于"影响力""成效"等程度判断类问题方面,态度不明。

第二节　村民生态经济参与现状

浙中调查将村民加入生态农业生产的意愿纳入调查范围。由图3－5可知,46.41%的村民对生态农业生产很有兴趣,愿意加入生态农业生产;31.35%的村民不太了解生态农业建设,不愿意加入;22.24%的村民持观望态度。

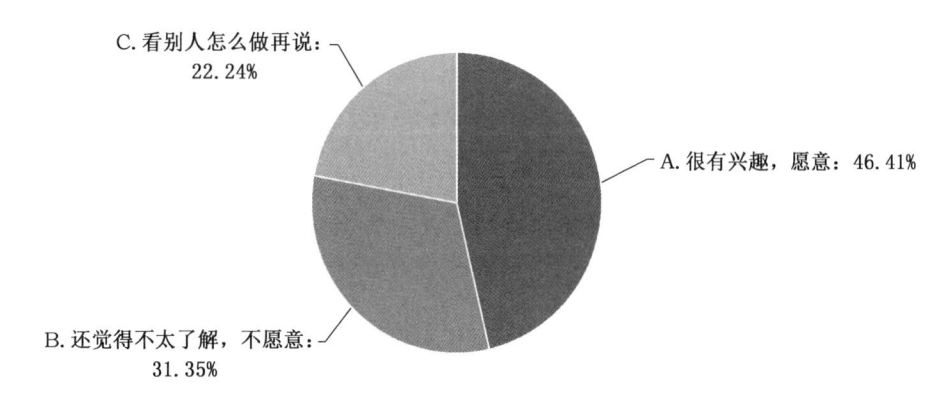

图3－5　村民加入生态农业生产的意愿

占比超过一半的村民态度不明朗或是不赞成,说明生态农业生产工作对村民的普及度远远不够,乡村生态经济的发展建设任重道远。切实推进乡村生态振兴,不能止步于基础设施建设与景观工程,关键是要从认识和实践发力,唤醒村民生态意识,普及生态经济的理念,探索生态经济的实现路径。首先,要加强乡村生态基础设施建设,如修建排污、排废管道等。其次,要把乡村生态基础设施利用好。即使再多的基础设施投资、再好的设备,而忽视了人的因素,也不能让乡村居民实现生态行为上的转变,设施建设效果也会打折扣。乡村生态经济发展,离不开基层群众的响应和主动参与,离不开村民组织的合力与协同,需要发挥村规民约的规范作用与村民组织的带头作用,在村规民约的基础上发展形成互帮互助、团结友爱的村民利益共同体。针对实践中生态环境保护政策在基层落实难度较大、执行效果欠佳等问题，乡村可以发动村两委干部、村内共产党员等积极参与，发挥带头作用，群策群力，形成乡村生态领域的公序良俗和村规民约，充分发挥村规民约的规范作用。

相较于传统农业，发展生态经济的前期投入成本较高，高出部分主要用于生态经济实现路径的探索与论证，这一阶段离不开专家的指导与把控。因此，浙中调查将村民对专家指导生态经济模式的接受度纳入问卷范围。

由图3－6可知，在专家指导乡村生态经济模式，但前期不能带来经济效益的情况下，44.16%的村民的态度是完全接受且相信生态经济带来的可持续经济效益；38.15%的村民的态度是勉强接受，想改变当前生态破坏情况，但对乡村生态经济模式抱有怀疑态度；较少村民的态度是完全不接受或者无所谓。这说明村民对专家指导乡村生态经济模式的接受程度普遍较高，专家指导乡村生态经济发展的方案可行性较高。因此，要充分发挥专家在促进乡村经济发展中的积极作用。专家援助为生态经济发展助力，但村民仍是推动生态经济发展的主要动力。因此在向外寻求专家援助的同时，也不能忽视对本地人才资源的挖掘。

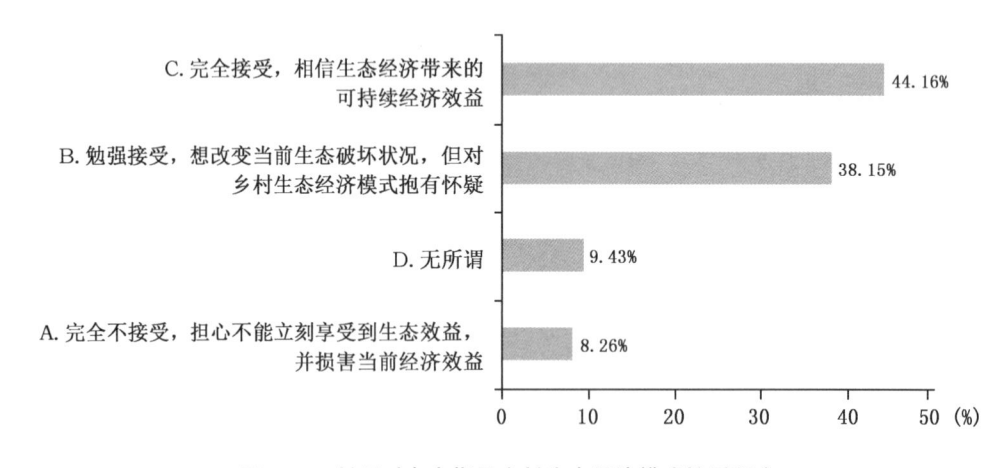

图3－6 村民对专家指导乡村生态经济模式接受程度

目前，我国农村人才匮乏，以留守老人、妇女及儿童为主的农村劳动者无法适应生产力发展的要求，市场竞争能力不足。发展农村生态经济，要解决人才与劳动力问题，设法留住一部分农村优秀人才，吸引一部分外出人才回乡和一部分社会优秀人才，拓宽用工渠道，以人才汇聚推动和保障乡村生态经济的发展，逐步削弱农村经济的依附性。其中，最重要的是要注重培养本地人才，通过理论宣传的方式，用生态经济的理念武装从业者的头脑。首先,要研究理论宣传的对象。村落中占人口比重较高的老年人处于半脱离或脱离生产的状态,很明显他们并不是理论宣传的主要对象。理论宣传要为发展生态经济服务,要达到预期的效果就要以村中的青壮年劳动力以及村外的企业家等为首要的宣传对象。对村中青壮年劳动力展开宣传,启发他们将传统的农业或手工业开发成生态工业,率先转型,率先创业。针对外部企业家的宣传其实也是一种变相的招商引资。其次,要使理论宣传更有效就要讲求方式方法,讲究宣传艺术。生态经济的理论宣传,其根本目的在于应用、在于实践,因此不需要复杂的理论研讨,可以采取实地走访的方式,考察生态经济发展已经走上正轨的地区,实地学习、实地交流。通过对农村各产业从业者进行整体性的改造,提高他们的生态理论素养和对生态经济的认知,最终全面提升其参与度。

第三节 村民风险意识现状

发展生态经济必须遵循经济社会的客观规律,盲目乐观,脱离现实,运动式地展开工作只会事倍功半;而过于保守,因循守旧,就会错过发展机遇期。因此,村民的风险意识情况对于生态经济良性发展至关重要。

由图3—7可知,31.72%的村民对投资生态经济发展持乐观预期,认为有政府支持,不怕风险。其余68.28%的村民认为投资会产生风险问题,普遍担心收回投入资金的时间是否过长,或是否有市场,这说明村民对生态经济发展疑虑仍较大。因此,目前迫切需要消除村民对生态经济发展的顾虑。

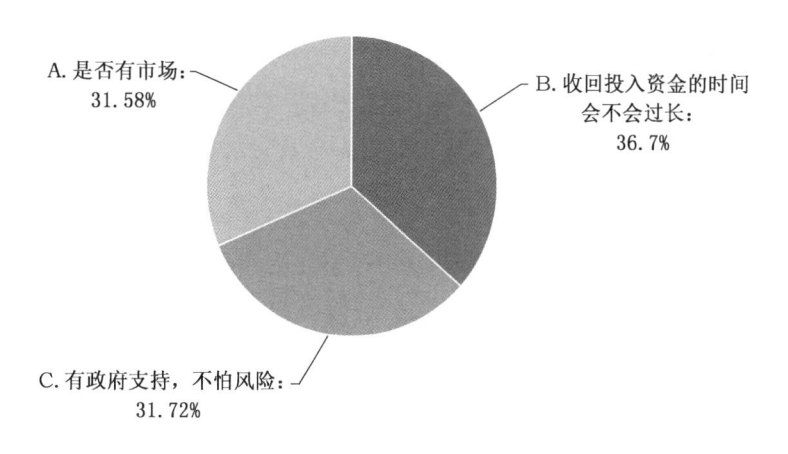

图3—7 村民对投资生态经济发展风险预计

金华市统计局数据显示,2019年金华市第一产业生产总值为1 458 249万元,农林牧渔业从业人员共68.57万人,农业人均生产总值为21 266.57万元。[①] 截至2019年,浙江省农林牧渔业生产总值为3 355.25亿元,农林牧渔业从业人口总数406.83万人,全省农林牧渔业人均生产总值为82 474.01元,是金华市的3.87倍。[②] 由此可知,金华市农业生产能力低于全省平均水平。受访者在经济能力有限的情况下对新型投资项目往往持保守的态度,且对回报周期的长短较为敏感。这也解释了为什么36.7%的受调者比较担心收回投入资金的时间会过长。而受访者这一顾虑也反映出两个问题:一是村内资源整合能力不强,导致生态经济发展受外部性因素影响较强;二是生态经济的产业选择过于单一,导致抗风险能力较弱。

　　我国自2004年起开始实行"三农"政策,国家对于农村的政策扶持力度逐年增加。二十世纪八九十年代,一些村落也乘着改革开放的春风摸索自己的致富路,短时间内涌现了大量的乡镇企业。这些乡镇企业大多以村民集体入股的方式开办,在改革开放初期创造了大量的就业岗位和产值。随着外部投资的疯狂涌入,外资企业的市场份额不断扩大,乡镇集体企业的压力不断增加,最后逐渐被边缘化。虽然这些集体经济的因素发挥的作用似乎越来越小,但是却为乡村生态经济的发展打下了基础。集体经济在权责划分、劳动协作、利润分红等方面都为后来者提供了借鉴,这是一笔宝贵的财富。但在调研中却不难发现,村民对发展生态经济相关的资源没有全面地认识,对政策扶持等外部性因素依赖过高,反而忽视了村内原有的资源。

　　"三农"问题专家温铁军曾说:"农村本来就是百业兴旺,只干农业肯定不行。"新时代的乡村建设,充分发动城乡群众,推进城乡融合,只要真的向善了,它是一个自然而然的过程。城乡融合是市民与农民相结合,这种结合不仅是一种社会现象,也是一种多样化的新业态。农村的劳动力、土地、互助组织都为城市产业向农村的融合创造了条件。从横向角度来看,工业化后的城市也并非只有工业这一种产业。一个健康、可持续发展的城市往往是具有一条相当长的产业链,从轻工业到重工业,再到新型科技产业,从餐饮娱乐服务业到金融服务业一应俱全。建立在农业生产基础上的农村也可以延长产业链,发展百业。从调研数据来看,村民往往将生态经济粗浅地理解为生态旅游业和生态农业。从本质上讲,这仍旧是由于对生态经济的认识不足导致的。

---

① 2020金华统计年鉴[OL]. http://zjjcmspublic.oss-cn-hangzhou-zwynet-d01-a.internet.cloud.zj.gov.cn/jc-ms_files/jcms1/web3552/site/tjnj/nj2020/2020nj3-3.htm.
② 浙江省杭州市区农林牧渔业各项产值具体情况3年数据分析报告[OL]. http://wenku.baidu.com/view/c7700a3de73a580216fc700abb68a98270feac7b.html.

农村的社会资源和生态资源是发展生态经济的百宝箱。要将农村的生态资源同生产紧密结合。如果单纯地将生态资源看作某种景观,则难免发展成为高同质化的旅游业。将生态资源同产业联系起来,其实就是要研究生态资源的应用场景,诸如生态旅游业、生态农业、生态农产品加工业等。换言之,要将生态资源渗入经济活动的每一个链条之中,延长生态经济的产业链。只有这样才能做大做实生态经济,才能让老百姓看到生态经济实实在在的优势与好处,从而逐渐消除其心中的顾虑。

第四章

"两山论"在浙中地区的双向转化

当前,生态环境问题已经成为现代社会的一个重大课题。生态问题不仅仅是一个社会问题,同时也关乎发展。绿色发展作为五大发展理念之一,对未来的经济发展具有前瞻性的指导作用。习近平总书记于2005年8月在浙江省湖州市安吉县考察时提出"绿水青山就是金山银山"的科学论断,这一理念体现了人与自然和谐共生的美好愿景,同时也为生态文明建设、美丽中国建设和可持续发展提供根本的价值遵循。党的十九大将"绿水青山就是金山银山"正式写入了党章,中国特色社会主义进入了全面开启生态文明建设的新时代。如何将"两山论"的科学理念落到实处,如何将生态文明建设实施到位,是当前浙中地区实现绿色发展、创新发展面临的关键命题。

第一节 浙中地区践行"两山论"的现实意义

浙江省位于中国东南沿海、长江三角洲南翼,东临东海,南接福建,西与江西、安徽相连,北与上海、江苏为邻。浙中地区的各大江河贯穿金衢盆地,四周镶嵌着武义盆地、永康盆地等山间小盆地。这些盆地成为浙中地区城市发展的主要区域,市域内的市区、县城都集中于此,哺育了历史名城金华、小商品之都义乌、亚洲"好莱坞"横店。"两山论"为浙中地区搭建生态文明大厦提供理论指导,既能够为浙中地区处理人与自然和谐发展的关系提供理论指导,又能为乡村发展实现绿色化转型提供导向。

在调研中发现,浙中地区乡村生态经济发展呈现出一些新变化和新问题。随着经济全球化和时代发展,农村生态经济发展也取得了较明显的成效,浙中地区村民的生活水平、生活质量、幸福指数等逐步提高。如今浙中地区生态经济发展的问题主要体现在如何实现经济与生态环境的协调发展,需要让村民进一步意识到人与自然是生命共同体,绿色发展是生态文明建设的核心路径。绿色发展也是落实"两山论"的动力,其本质是发展,前提是绿色。浙中地区发展"两山经济"是实现绿色发展的有效途径,是支撑当地生态文明建设的顶梁柱,"两山经济"必然是浙中地区未来进行生态文明建设的主流经济业态。

第二节 浙中地区生态经济发展的挑战

调研组主要围绕以金华为主体的浙中地区展开关于"乡村生态经济发展"的主题调查。调查结果显示,当地居民已经对生态经济有了一定程度的认识,并且表现出积极开放的接纳心态,但是仍然有近半数的人对生态经济的概念和模式缺乏基本的了解,耕地问题、就业保障、生态旅游文化产业等方面均存在很多发展难题。因此,当地政府部门应统筹规划,因地制宜,重视生态经济发展中的问题,向民众大力普及宣传生态经济相关的理念。

一、浙中地区近三年污染排放单位名录分析

在浙中地区实现"两山论"双向转化的实践过程中,最困难的问题即如何解决经济发展与环境保护之间的冲突与矛盾。浙中地区发展处于不断提速状态,发展不能停滞,建立水污染、大气污染、土壤污染等排放单位名录对于不同地区生态治理具有指导性意义。浙江省政府于2018年发布《浙江省人民政府关于印发浙江省打赢蓝天保卫战三年行动计划的通知》,金华市生态环境局根据国家生态环境部及浙江省政府要求,于2019年、2020年、2021年3月分别发布了金华市重点排污单位名录。浙中地区近三年污染排放单位数量变化情况如表4—1、表4—2、表4—3所示。

表4—1 浙中地区近三年水污染重点排放单位数量变化情况

序号	行政区域	2019年	2020年	2021年（截至3月）
1	婺城区	8	8	11
2	金东区	13	14	18
3	金华经济技术开发区	18	18	39
4	兰溪市	26	28	33
5	义乌市	21	28	75
6	东阳市	29	30	44

续表

序号	行政区域	2019 年	2020 年	2021 年（截至 3 月）
7	永康市	8	9	10
8	武义县	5	8	13
9	浦江县	16	17	23
10	磐安县	1	2	2
总计		145	162	268

表 4-2　　　　浙中地区近三年大气污染重点排放单位数量变化情况

序号	行政区域	2019 年	2020 年	2021 年（截至 3 月）
1	婺城区	11	13	15
2	金东区	1	1	9
3	金华经济技术开发区	6	6	16
4	兰溪市	16	8	10
5	义乌市	13	14	22
6	东阳市	20	26	26
7	永康市	10	10	18
8	武义县	7	7	9
9	浦江县	2	2	13
10	磐安县	0	0	2
总计		86	87	140

表 4-3　　　　浙中地区近三年土壤污染重点排放单位数量变化情况

序号	行政区域	2019 年	2020 年	2021 年（截至 3 月）
1	婺城区	4	4	14
2	金东区	1	2	3
3	金华经济技术开发区	8	8	12
4	兰溪市	12	22	23
5	义乌市	8	13	22
6	东阳市	17	17	12
7	永康市	12	16	15

续表

序号	行政区域	2019年	2020年	2021年（截至3月）
8	武义县	6	12	19
9	浦江县	14	15	17
10	磐安县	3	3	5
总计		85	112	142

近三年浙中地区污染排放单位的数据变化表明：

一是由各地区经济发展不平衡导致的污染关注情况有所不同。如磐安县，各类重点污染排放单位数量最少，但这也因为当地经济发展相对落后。因此面对不同地区的不同情况，各地区在生态经济发展过程中应有所侧重。类似磐安县的地区应着重思考如何利用当地生态环境，创新创收渠道。类似义乌市、东阳市等实体经济发展已成规模的地区，应考虑如何加速其科技水平提升，带动污染治理水平，或通过征收环境税等增加企业生态环境治理成本的相关举措，引导市场关注生态经济发展。

二是水污染、大气污染、土壤污染重点排放单位的总数量逐年递增。排放单位的总数量逐年递增是我国加大实体经济发展规模，加快实体经济发展速度的明显体现。一方面各单位效益逐年提高，造成的环境压力依然与生产力的不断突破相匹配，可能出现的污染隐患增多。另一方面，这也反映了浙中地区污染企业的管理与治理工作负荷不断增大。越来越多的企业将进入监管名单，对政府的生态经济管理体系造成压力，生态经济发展依然任重而道远。

三是重点排放单位的目录不尽完善。到目前为止，进入该名单的均为中型以上规模的实体企业，或由政府参与运行的事业单位（如水务公司等），而市级尤其是乡村地区家庭式作坊或小企业并未纳入其中，未进入大众舆论监管范围。但小型企业由于生产成本等问题更有可能缺乏对环境保护的责任感。

二、关于污染企业问题

为充分了解浙中地区村民对企业污染现状的认知，本次调查将"是否同意引进污染企业"作为调研内容。

图4—1的调研数据显示，在调查当地村民对待引进污染企业的态度问题上，尽管引进污染企业后村民会得到一笔还算可观的补偿款，后期也能获得一些经济收益，但在面对要经济收益还是要环境的选择局面时，当地居民对于生态保护的意识是强烈的。

52.75%的村民坚决不同意在村内引进污染企业,认为污染环境会导致经济的不可持续发展;26.18%的村民虽然勉强同意,但表示引进污染企业要以不影响居民良好生活环境为前提,这说明村民关于生态可持续发展的意识较强,对后续生态农业的发展引进打下了良好的思想基础;15.34%的村民完全同意在居住地引进企业以发展生态经济;但是也有5.73%的村民认为在当地是否引进污染企业无关紧要,很大程度上可能是因为他们还未认识到引进企业可能带来的积极与消极影响。总之,当地的大多数村民对农村生态环境与经济发展的关系都有了较为正确的认知,对当地自然生态环境怀有敬畏之心,同时也希望自己的家乡能够得到可持续发展。

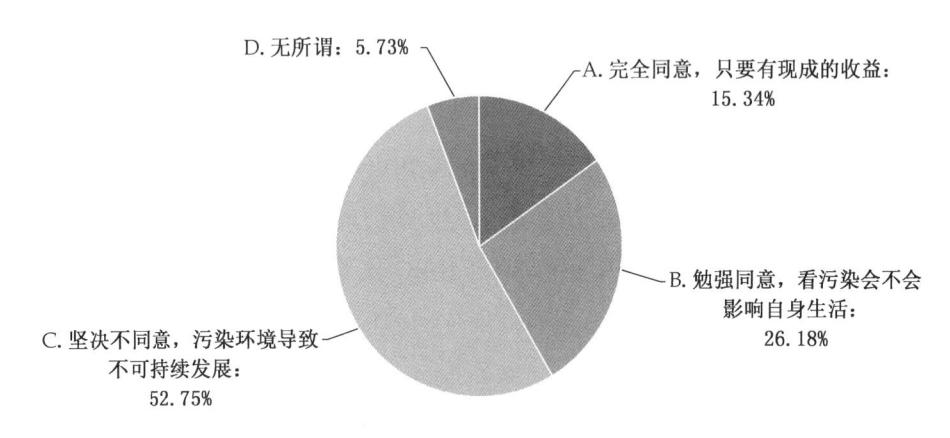

图 4—1 关于引进污染企业问题

从调查结果来看,当地村民对生态环境质量十分重视,这种敬畏自然的绿色发展观有利于在当地发展生态经济,但是,同样不可偏废的是村中的经济发展。在当地发展生态经济的时候应注意以下两个方面:

一是设置严格的企业引进标准,树立生态经济发展的标杆企业,将主动参与生态经济发展的绿色环保企业设立为模范标兵,发挥其带头引领作用,促进生态经济的绿色产业升级和转型。

二是在现有乡村企业的基础上进行生态经济的升级改造。原来正在建设或计划建设中的污染防治设施要继续建设起来,切勿因短期未有成效而搁置,做到资源的持续利用,且当地的一些特色农业生产加工园也要进行排污改造和节能减排。长远的考虑才能有长远的发展。

三、当地生态旅游文化产业的保留工作状态

浙中地区有着得天独厚的历史人文资源,拥有厚重的历史文化遗产,如浙中地区的代表城市金华,其人文传统深深扎根于浙江的心脏地带,是当之无愧的"浙江之心"。浙中之行的调研地之一——鹤岩山村,据文字记载,其在唐朝时就小有名气,在唐贞观元年就已有僧人在鹤岩山修身。除此之外,金华作为"金星婺女争华之地"的主要浙中城市之一,其魅力是山水、乡村和人文传统的有机结合,无论是喀斯特地貌的地下溶洞、丹霞地貌的美丽山峰,还是珍藏在古典村落中的传统民俗和文人轶事,联在一起便是浙中美好的生活图景。然而,居民对于当地生态旅游文化产业的保留工作状态却不是很满意。如图4-2所示,当地生态旅游文化产业保留工作状态良好,但仍有7.88%的居民认为工作效果不好,2.21%的居民认为工作存在很大漏洞,这说明当地对于生态旅游文化产业的保留工作还需改进。认为保留工作达到预期的居民占比为54.1%,而认为保留工作没有达到预期的居民占比为45.9%。这两种预期程度比例相近,但有近半数的居民认为保留工作没有达到预期,说明生态旅游文化产业的保留工作的开展仍需要加大力度,以满足更多居民的预期。

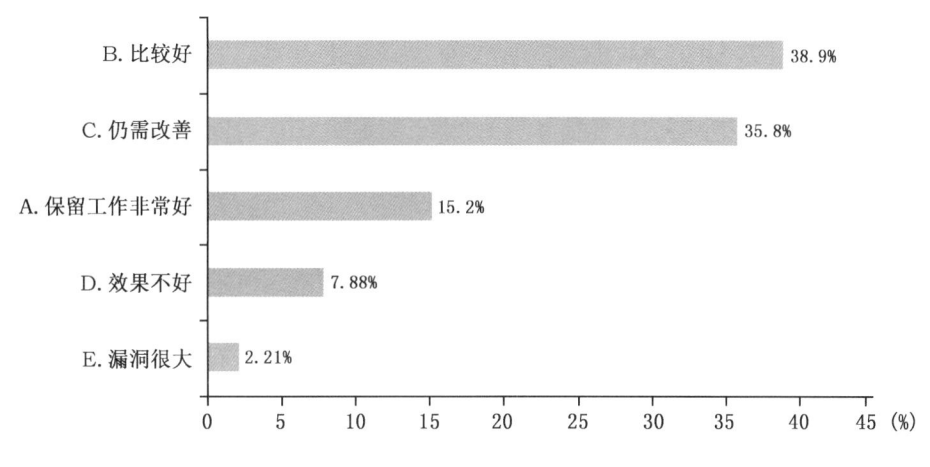

图4-2 居民对于当地生态旅游文化产业的保留工作状态

具有本土特色的生态旅游文化是乡土信仰、民俗文化结晶的瑰宝,我们需要坚定不移地对其进行保护和传承。随着经济全球化进程的迅速发展,世界各区域文化的多样性生存逐步消解,遗留下来的丰富的生态资源、文化资源不断被现代文明遮蔽,特别是在农村,凝结着传统智慧的技艺后继乏人,人类文化的普同性逐渐取代文化的多样性。如今,保留与传承民俗文化的任务比任何一个时代都更加严峻。为了避免当地生态旅游文化陷入岌岌可危的境地,政府部门必须加大力度保护当地的生态旅游文化产业。

四、生态经济对当地就业的影响

在农村,就业一直是村民比较关注的问题。若能厘清生态经济与就业的关系,便能在很大程度上促进当地生态经济的发展,并满足当地的就业需求。本次浙中调查中,关于生态经济对就业的影响问题的调查得到了较为完善的数据。

由图 4—3 可知,47.21% 的村民认为生态经济促进当地就业,但也有 47.35% 的村民认为生态经济对当地就业基本没影响,还有 5.44% 的村民认为生态经济会减少就业。大部分村民认为发展生态经济对当地就业没有影响,只有小部分村民认为发展生态经济会造成不乐观的就业形势,这并不利于当地乡村生态经济建设的发展。

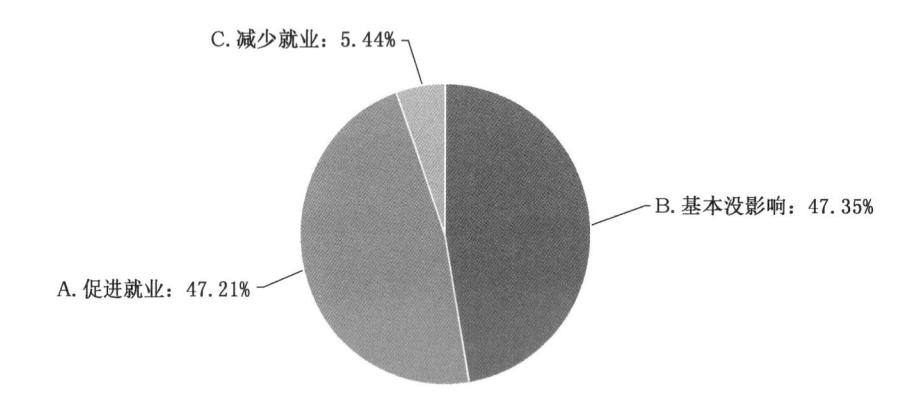

图 4—3 生态经济对当地就业影响

实际上,在浙中地区保护乡村生态,鼓励发展农村生态经济,对解决当前社会中存在的社会矛盾有缓和的作用。其中,关键的一点就是就业问题。近年来,我国经济迅速发展,但就业难的问题比较严峻。对于一些来自农村的劳动力而言,因其受教育程度低,人才素质不高,其就业问题更为突出。实际上,相较于年轻人想方设法希望进入城市谋求一份工作,乡村广阔的就业环境也是值得充分利用的。若能在农村利用现有资源,发挥优势产品特色,不断开拓农村市场,那么我们就可以通过培养农村经纪人、农村专业合作组织负责人和农村龙头企业经营者等形式实现农村生态经济繁荣发展。经济发展是支撑生态文明的经济基础,是生态文明建设的"顶梁柱",而经济的发展需要依靠当地人才、教育、文化等因素共同促进。因此,我们应该充分认识到村民的就业情况与当地的生态经济发展现状是密不可分的。

第三节　浙中地区践行"两山论"的路径

由于地理位置、经济结构、产业形态以及担负着钱塘江流域生态保护职责,浙中地区的农村、城镇并没有完全随着市场经济发展而兴起。相较于浙江省内的其他城市,浙中地区在守着"绿水青山"的同时,更加渴望实现"金山银山"来提高居民生活质量,增强当地人民的幸福感。

随着生态文明建设的不断加强与"两山论"的提出,浙中地区各地政府应在多年的生态环境积累优势基础上,明确当地生态文明建设的方向,找到促进经济与环境协调发展的方法,探寻践行"两山论"的优化路径,推动生态文明建设,开启全新的生态格局。

一、发挥政治优势,以党建引领绿色经济发展

为了充分了解"党建对绿色经济发展的引领作用",调研针对"党建引领绿色经济发展在哪些方面发挥了作用"展开,获得了可靠的数据和结论。

大部分村民认为,党建引领绿色经济发展,将改善生活环境与优化生态环境相结合,提高了居民的生态意识;也有较多村民认为党建引领绿色经济发展,构建了多渠道、多类型、多元化绿色经济发展格局,对解决人口就业、提高村民收入有利。因此,党建引领绿色经济发展是实现乡村振兴、走可持续发展道路的重要一步。

浙中地区只有在党的领导下坚定绿色经济的发展战略,践行"绿水青山就是金山银山"的发展理念,才能走出一条党政引导、政府负责、企业主导的"生态产业化"和"两山"协同发展的独特发展道路。生态经济的兴起和发展离不开地方政府的支持和引导,因此,浙中地区各地政府应统筹规划,顶层设计,尝试从立法、标准、体制"三位一体"入手,积极探索生态文明制度创新体系,构建以立法为基础、标准为驱动、体制考核为保障的制度体系。金华市是浙中地区的主要城市之一,2020年12月中共金华市委提出制定《金华市国民经济和社会发展第十四个五年规划和二〇三五年远景目标》的建议,为进一步拓宽绿水青山就是金山银山的转化通道,持续优化国土空间开发保护格局与全域美丽的绿色发展体制机制,完善山水林田湖草一体的生态系统实现良性循环,能源资源开发利用效率提高等方面提出科学建议,旨在完全建成宜居、宜业、宜学、宜游、宜养的浙中大花园。

二、加速实现生态产业化

浙中地区自身拥有得天独厚的生态优势,可以充分挖掘绿水青山的价值,开发生态

产品,进行产业化操作,发展独有的特色优势产业,即实现生态产业化。浙江省面积不大,但在划分的 6 个自然地理单元里,以金华为中心的浙中地区,横跨了其中 4 个分区,成为浙江省地貌景观最丰富的区域之一。自然生态景观和传统文化产业是浙中地区践行"绿水青山就是金山银山"发展理念,实现可持续发展的可靠基础。

在自然生态景观方面,位于西北中山丘陵区的浦江县北部的仙华山被誉为"天地间秀绝之区",相传是轩辕黄帝少女元修得道升天之处;位于丘陵区东部的磐安县,县内的大盘山纵贯南北,"遥观海北千层浪,始信江南第一峰",有"浙东祖山""江南药谷"之称,也是传统中药材"浙八味"中五味药材的重要产地;金华境内 10 942 平方公里的土地上分布着 208 座高度千米以上的山峰,金华、兰溪有喀斯特地貌——双龙洞、六洞山地下长河,永康有丹霞地貌——方岩。在浙中地区,此类自然资源极其丰富。经过江河的哺育,浙中地区遗留着珍贵而丰富的盆地文化,那些临近河流的小台地成为浙江省内最早孕育出文化之光的土地。2005 年,某考古团队发现,大约距今 1 万年,浦阳江畔一座名叫上山的小高地,是世界上最早人工栽培水稻的区域,这里成为世界稻作文化的起源地之一,这一遗址被命名为"上山文化",其遗存遍及浙江省中南部,揭开了浙江乃至东亚文化史上农业起源的序幕。2019 年,在同属上山文化的义乌桥头遗址,考古人员发现了距今九千年的环壕聚落,这是人类居住史上"从洞穴迈向盆陵的重要一步"。另外,婺州窑、唐代以来的东阳木雕、徽州民居等均是独具浙中特色的文化资源。

从生态资源、生态产业到生态经济,自然生态景观和传统文化产业均能助力浙中地区实现绿色发展,走出一条生态循环的产业化道路,打造美丽中国的浙中大花园。加速实现生态产业化有两个途径。一是依托现有生态资源,通过劳动链接自然生态和社会生态的价值,放大自然生态与社会生态的循环价值,将农业、服务业、旅游业互通互融,形成一个完整的生态循环供给系统,实现生态价值的增量供给。二是大力开发生态产品,发展生态农业,将浙中地区特色美食(金华火腿、金华酥饼、金华汤包等)的价值附加在服务业上,联通农业和服务业,在做精生态农业的同时做优浙中地区特色服务业,将地方独具特色的生态资源转化为经济优势。

三、加速实现产业生态化

以浙中地区的中心城市金华为例,由于其地理位置优势、自然禀赋资源,无论是在水路时代还是铁路时代,金华已经成为浙江省重要的交通枢纽。为建设浙中花园城市,实现生态文明建设,相关部门、企业应结合金华市政府发布的规划纲要,齐心协力加速实现浙中地区的产业生态化。加速实现产业生态化包括以下两方面内容。

一是，在绿色发展的过程中，持续深化环境污染防治，系统推进生态保护治理。工业园创建，旅游业兴起，农业种植面积拓宽等均是促进当地经济发展的重要因素。但是，由此引起的工业污水的超标排放、旅游资源的过度开发、农业资源的污染等却是促进产业发展时不可忽视的生态危机问题。浙中地区在发展经济时，一定要避免陷入"经济发展——环境保护"系统的恶性循环之中。

二是大力发展美丽生态经济。浙中地区开发乡村游与农家乐、发展工业、创建工业园区等，在追求极大经济收益的同时，需要始终秉承发展美丽生态经济的初心。结合当地特色，浙中乡村可以尝试启动"美丽乡村＋互联网"项目，以农村电商发展带动"大众创业、万众创新"，在县级层面考虑在淘宝网成立"特色中国·美丽浙中"商品专区，在乡镇层面建立电商创业园。这不仅拓宽了当地居民的就业渠道，还能促进当地智慧农业作为新兴产业的崛起。

综上所述，浙中地区应立足于自身独特的地域优势、人文环境、历史文化等生态资源，将其作为特色生态产品进行合理开发利用，坚持走差异化、特色化、绿色发展道路，将经济发展和生态保护结合起来，因地制宜，制定实现生态产业化、产业生态化的政策。为保护浙中地区的美丽环境，各县、乡镇、村的居民都应行动起来，加入重构产业结构、建设美丽乡村的队伍。只有这样，才能实现"环境——资源——经济"的良性循环，切实增添村民的幸福感和获得感，走出一条"美丽浙中"的绿色发展道路。

第五章

生态经济对乡村振兴的影响

党的十九届五中全会指出,实施乡村振兴战略是党和政府高度重视的工作之一。全会提出,优先发展农业农村,全面推进乡村振兴。坚持把解决好"三农"问题作为全党工作重中之重,走中国特色社会主义乡村振兴道路,全面实施乡村振兴战略,强化以工补农、以城带乡,推动形成工农互促、城乡互补、协调发展、共同繁荣的新型工农城乡关系,加快农业农村现代化。农业稳则天下安。没有农业农村的现代化,就没有国家的现代化;没有乡村的振兴,就没有中华民族的伟大复兴。以习近平同志为核心的党中央高度重视"三农"工作,始终把坚持农业农村优先发展作为"国之大者"装在心中、扛在肩上、落到实处。我们要走好中国特色社会主义乡村振兴道路,让每一寸耕地都成为丰收的沃土,让每一片田野都充满着希望。乡村振兴战略关系着广大老百姓的切身利益和对美好生活的向往愿望的实现;关系着国家富强、人民富裕和中华民族伟大复兴"中国梦"的实现。实施乡村振兴战略是党和政府未来工作的战略目标,也是广大农村老百姓最为深切的期盼。

第一节 党建引领:发挥基层党组织的战斗堡垒作用

"火车跑得快,全靠车头带。"习近平总书记强调,推动乡村振兴,组织振兴是保障,要"打造千千万万个坚强的农村基层党组织,提供源源不断的动力"。农村基层党组织是乡村振兴战略的"主心骨",要发挥基层党组织的引领作用。"羊群走路靠头羊",乡村振兴战略要想得到确切的落实,就需要基层党组织发挥战斗堡垒作用,党员干部需要起到模范带头作用,带领乡村地区实现脱贫致富的目标。

在本次调查中,我们也发现了一些农村基层党组织方面的问题。根据图5—1可知,影响浙中地区农业经济收入的原因中占比排在第一位的是发展规模小,41.76%的受访者选择此项;排在第二位的是占比40.26%的劳动力缺失;除以上两个主要原因外,还有发展类型单一、技术手段落后、政府支持少、销售模式狭窄、发展意识弱等原因。问卷结果显示农村劳动力缺失严重,这说明当地的青壮年人口流失严重,农村剩余的大多是老年人、妇女和留守儿童,这意味着目前农村基层党组织成员也面临着老龄化的问题。村民委员会成员和村党委干部成员老龄化严重,导致基层部门缺乏活力、组织涣散、长期没有新鲜血液的注入,基层党组织对于先进观念和经济发展模式的认识受到了极大的限制。基层党员干部年龄层的单一和固化会导致基层党组织活力的缺失,做决策时缺乏前瞻力和果断力。

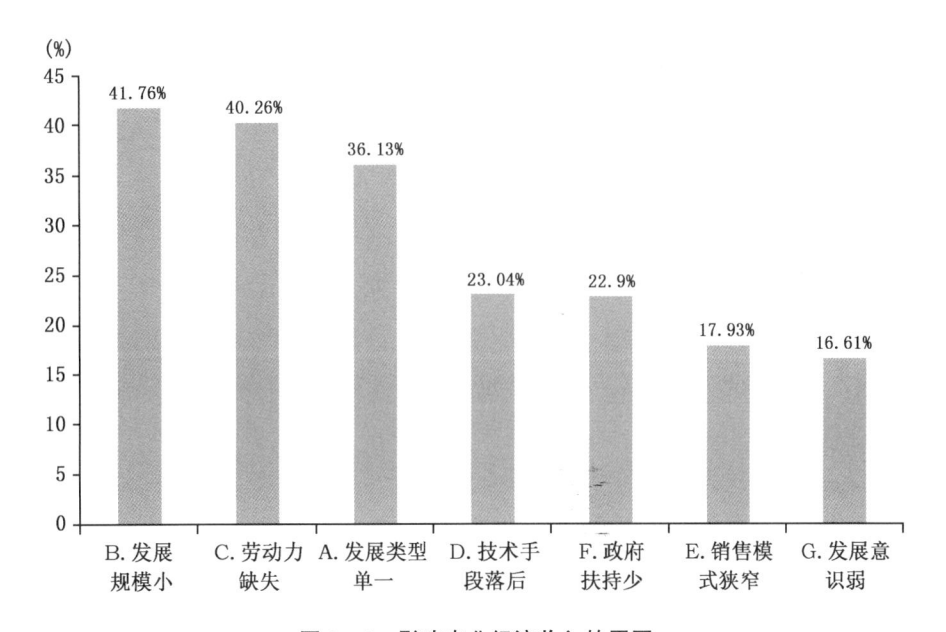

图 5-1 影响农业经济收入的原因

因此,发挥基层党组织的战斗堡垒作用,发挥党建的引领作用,首先要针对村民委员会成员和村党委干部成员老龄化现象,解决农村基层缺乏活力和新鲜血液的问题。该地区应该出台一些有利政策,吸引年轻干部到农村来挂职锻炼,完善年轻村干部的引入和储备制度,将年轻干部培养作为农村党支部基层干部队伍建设的基础性、长期性工作来抓,紧紧围绕年轻干部选拔、任用和培养的实际需求,开展基层党组织的干部选拔工作,注重激励、重点培养、结合实践、从严历练。年轻党员干部会为基层党组织带去新视角、新想法、新路子,让原本趋于老龄化的党组织焕发新的活力。

其次,基层党组织要发挥核心作用,积极组织实地调研。借鉴成功的经验可以少走弯路,通过学习先进的经验,互相交流、比学赶超,将学习成果转化为实现乡村振兴的实际行动。需要注意的是,在组织调研时上级党组织要做好牵头工作,全程参与,认真调研,这样做既可以避免调研学习变成形式主义的"走过场",也可以避免参观活动与学习经验"两张皮"的问题。学习成果在于实践,调研学习结束后,要认真总结调研心得和学习体会,对比当地的经济发展情况,找到自身的缺点和不足,进行有针对性的整改。为保障乡村样板企业调研学习活动落到实处,基层党组织要守初心、担使命、找差距、抓落实,从而推动本地乡村振兴。

最后,要做到党建引领乡村振兴。由图5-2可知,党组织在乡村绿色经济发展中发挥了至关重要的作用。在本次问卷调查中,村民对此的感知度由高到低排列依次为改善生活环境与优化生态环境相结合,占比57.34%;提高居民生态意识,占比55.47%;构建多渠道、多类型、多元化绿色经济发展格局,占比40.08%;解决人口就业,提高居民收入,占比32.8%。党建引领绿色经济发展是实现乡村振兴、走可持续发展道路的重要一步。农村基层党组织是最直接接触人民群众的基层单元,肩负着组织群众、宣传群众、凝聚群众、服务群众的重要职责,是党联系群众的桥梁和纽带。只有做好做实农村基层党支部建设,不断激发党支部的创造力、活力、凝聚力,才能充分发挥党支部的战斗堡垒作用。

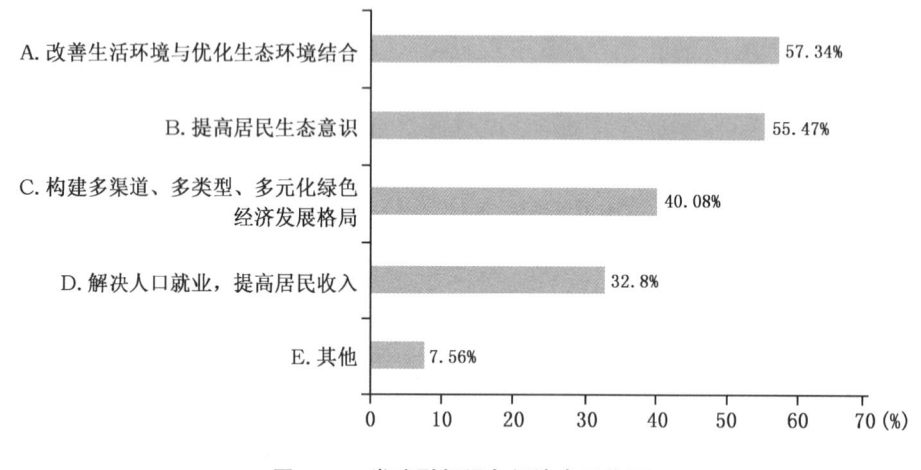

图5-2 党建引领绿色经济发展作用

加强基层党建工作可以从以下几个方面入手:一是加强基层党组织干部队伍建设。农村基层党支部的建设首先体现在人才建设上。针对党支部党员领导干部老龄化、缺乏新鲜血液的问题,基层党支部应做到以下三点:首先,要发展优秀的青年加入党组织,为组织注入新鲜血液,做好党员发展工作;其次,要做好党员干部的培养工作,培养支部内年轻优秀的党员,同时吸引大学生到农村挂职,做好后备干部储备工作;最后,职责明确是保障，在基层党支部领导队伍建设中，要明确各级领导干部的职责范围，避免职责不清、滥用职权等情况。二是提升基层党组织的宣传、组织能力。农村党组织是党在农村的基层组织，要做好党的宣传工作，认真贯彻落实党的决定，保障各项政策的顺利执行，领导村民做好基层治理工作，团结动员群众，做好组织宣传工作，始终与人民站在一起。农村基层党组织要提升面对问题的反应力、提高面对选择时的决策力、增强面对任务时的行动力，将基层党员与群众紧密凝聚在一起，"心往一处想，劲往一处使"，共同投身到乡村振兴战略的伟大实践中。三是发挥党员先锋模范带头作用。基层党组织是实施乡村振兴战略的最主要抓手，是先锋队和排头兵。"一名党员就是一面旗帜，一个支部就是一座堡垒。"在实施乡村振兴战略的过程中，各级党员要"亮身份，做表率"，深入农民生活，将工作做到实处。例如，组织党员干部带头去基层党建工作已经取得优秀成绩的地区学习，借鉴他们的经验与做法，用学到的经验指导实践，带动村民实现当地的经济发展与乡村振兴。四是要永远同人民在一起。基层党组织不能脱离人民群众，要时刻保持与人民的紧密联系，了解群众的意见，维护群众的权利；要自觉践行党为人民服务的根本宗旨，把为群众排忧解难、办实事、办好事作为工作的基本出发点和落脚点，在日常工作中多听取群众的意见，了解群众需求；要建设服务型的党支部，发挥基层党组织单元与群众连接最紧密的优势，解决服务群众"最后一公里"的问题，带领群众实现乡村振兴、产业升级，提升农村居民的幸福感，走出一条具有当地特色的乡村振兴之路。

第二节　实现乡村生态经济赋能乡村振兴

根据第三章生态经济认知现状的调查结果可知，浙中地区绝大多数村民对生态经济形成没有全面与深刻的理解，虽然有过半数的村民对这一概念有一些了解，但仅停留在知道其存在的程度。由此可见，生态经济相关理念的普及程度还远远不够，村民对生态经济产业模式的认识有限。

由图5-3可知，37.68%的受访者认为发展乡村生态旅游是最有效的生态经济措施，排名第一；优先发展乡村农业，占比28.06%；深化农业农村体制改革，占比23.46%；其他，占比10.79%。从调查结果可以看出，发展旅游观光业和生态农业是将农村的生态资源快速变现的主要途径。数据中体现的村民对生态旅游的推崇从一定程度上反映了旅游业的优势，相比制造业、生态农业等产业，旅游业的成本低、附加值高、回报快。但生态旅游业也存在着同质化程度高的风险，同一地区的村落往往拥有相同的风俗、类似的自然景观，很难做到一村一景。因此，完全依托于自然景观的乡村旅游业并不可取，强行推行只会透支生态资源,更好的办法是兼顾乡村生态农业与生态旅游业。有效发展乡村生态经济可以从以下两方面着手:一方面,农业是农村百业的基础,是最基础的生产资料生产,也是生产链条的开端。从农业出发,将生态有机农业、农产品加工业、农村农业景观旅游等多种产业链接起来,延长产业链,这样做不仅增加了利润空间,也使生态经济内部相互赋能,从而实现可持续发展。另一方面,产业选择与农村体制机制改革互相关联。农村体制机制改革服务于产业的发展与乡村振兴,生态经济的落地开发、茁壮成长也离不开体制机制改革。体制机制改革虽然无法直接产生经济效益,但却是助推生态经济发展的重要动力。因此在基层工作方面,也要加大说服教育的力度,提高村民的战略意识,而不只着眼于当下。

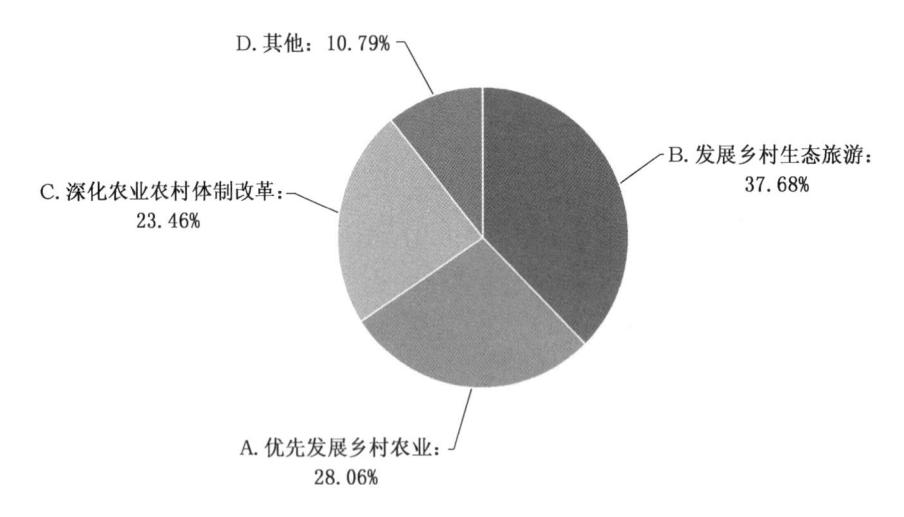

图 5—3　村民眼中保证经济和生态共同发展的乡村生态经济措施

D. 其他: 10.79%
C. 深化农业农村体制改革: 23.46%
B. 发展乡村生态旅游: 37.68%
A. 优先发展乡村农业: 28.06%

　　四川省成都市战旗村的生态经济发展模式就是一个很好的示范样板,浙中地区的乡村可以学习战旗村的发展经验,从中找到一条适合当地情况的生态经济发展之路。唐昌镇战旗村地处横山脚下、柏条河畔,位于郫都区、都江堰市、彭州市三区、市交界处。全村有耕地 1 903 亩,面积 2.06 平方公里;9 个农业合作社,506 户农户,村民 1 704 人。村党支部下设 9 个党小组,党员 67 人。全村有 8 家集体企业(全部实行租赁经营),5 家私人企业。该地区生产总值 1.347 亿元。村集体自有资金 1 280 万元(其中,固定资产 820 万元,货币资金 460 万元)。[①] 在乡村振兴改革以前,战旗村只是一个平平无奇的小村庄。那时的战旗村从事的是传统农业,以家庭为单位,村内家家户户都是独立的院落,并

---

① 马浩淼. 成都市郫都区战旗村乡村振兴:集体经济发展的经验与启示[OL]. https://www.fx361.com/page/2019/0214/6362809.shtml,2019-02-14.

且每家每户都饲养鸡、鸭、鹅等家禽和猪、牛、羊等家畜,环境卫生不难想象。2015年,郫都区被列为全国土地制度改革试点,战旗村抓住政策机遇,发展生态经济产业链,实现了乡村经济的腾飞、村民居住环境的改善和人均收入的提升,当地村民的生活质量和幸福感得到了提升。战旗村乡村振兴战略的顺利实行并取得硕果得益于以下几个方面:一是党建引领乡村振兴。正如本章开篇所述,村党组织是群众信赖的主心骨,战旗村十分重视村内的基层党建工作,通过人才引进政策吸引到一批年轻干部到农村挂职,这些新鲜的血液为战旗村的发展提供了新思路。村党委组织带领战旗村以农业供给侧结构性改革为主线,遵照上级部署,实施农村集体产权制度改革、耕地保护补偿制度、农地流转履约保证保险制度、集体资产股份制、农村产权交易"五项改革"。二是产业振兴带动乡村振兴。战旗村十分重视农村产业的发展,在进行土地改革的同时发展集体经济,同时也重视发展产业对生态环境造成的影响,将产业振兴与生态建设并举。在政策实施过程中难免会遇到村民思想转变的问题,战旗村通过对农户进行思想引导教育的方式,奖励模仿模拟股,以此促进当地农民思想的转变。这种模式取得了很好的效果,战旗村发展形成农商文旅结合的模式,实现了产业的融合发展。同时,当地也发展了"农业+互联网"新业态。随着互联网和快递行业的快速发展,人们的生活方式也已经发生了天翻地覆的变化,农副产品已经实现"网上购买、邮寄到家"的新销售模式,这也倒逼传统农业经济的产业转型。战旗村抓住机遇,乘着互联网的东风,积极带领农民创新发展农村电商模式,实现了经济的转型和村民收入的增加,使战旗村的经济实现了质的飞跃。三是生态振兴促进乡村振兴。在生态方面,战旗村很有先见,2001年就已经实现产业转型,先后关闭了五家严重污染企业,倡导村民进行垃圾分类投放,将环境污染治理摆在首要位置,实行户收集、村集中、镇清运的方式处理生活垃圾。与此同时,战旗村注重发展绿色生态农业产业和村民的环境保护教育,倡导资源节约,发展高品质的生态旅游业。四是文化振兴助力乡村振兴。战旗村十分重视当地的文化建设,实施"高校+支部+农户"的文化活动机制,每年开展大学生进入乡村生活体验活动,大学生入住村民家中,每户入住两人,与村民同吃同住,并且参与农民的日常劳作。大学生的到来给村里带来了生机,与大学生的接触使农民的思想观念得到更新,大学生得到锻炼的同时也丰富了农民的文化生活,大学生也对村民的孩子进行课业辅导。大学生来实地体验农村生活、参与农民劳动,也让大学生了解农村,为以后战旗村的人才引进打下了基础。为了丰富当地农民的业余生活,战旗村积极组织村民自发开展各种形式的群众文艺活动,例如开办乡村振兴学院,修建战旗村文化大院等,战旗村的这些举措极大地丰富了村民的日常文化生活,实现了乡村文化振兴,以文化振兴助力乡村振兴。五是人才振兴支撑乡村振兴。战旗村非常注重人才的培养,成立了全国乡村振兴人才培训基地——四川战旗乡村振兴培训学院,在产业发展的同时,培养优秀人才。与此同时,战旗村发展当地特有的产业和品牌,根据这些产业的特点进行定向人才引进,同时以优惠的政策吸引人才入村建设,做到人才引进与培养相结合,双管齐下,在人才的培养和引进方面战旗村的举措卓有成效。

综上所述,战旗村从党建引领、产业振兴、生态振兴、文化振兴、人才振兴五个维度全方位实行乡村振兴战略。其成功经验带给我们以下启示:一是党组织要起到模范带头作用,有决心、有胆量、有方法,苦干与实干相结合,带领战旗村找到一条适合当地发展的道路;二是利好的政策为战旗村的发展带来了机会,战旗村的发展离不开政府的支持,乡村振兴战略的实施为战旗村带来了机遇;三是战旗村农民自身的认识转变为乡村振兴战略的顺利实施提供了思想准备;四是人才的培养与引进是乡村产业升级和经济发展的有力保障。浙中地区的农村可以借鉴战旗村乡村发展成果的有益之处,结合自身的特点,找到一条属于自己的乡村振兴发展之路。

第三节 在乡村振兴中着重体现生态经济优势

积极推进生态文明建设是我国的一个重大课题和经济发展方向,在绿色发展观和"两山论"的引导下,乡村发展生态经济有着得天独厚的优势。关于建设美丽生态家园与乡村振兴的协调发展的方式的调查结果显示,62.93%的村民选择使农业主产品和副产品形成生态环境链;43.17%的村民认为环境友好的轮作休耕也是一种协调发展的重要方式;25.2%的村民认为退耕还林还草是一种有效方式;16.38%的受访村民选择其他,(见图5—4)。

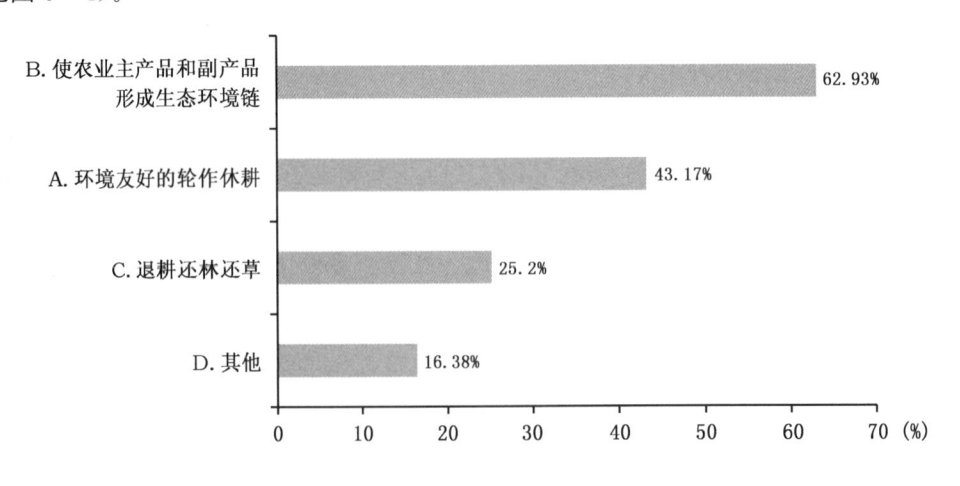

图5—4 协调发展乡村生态和乡村振兴方式

浙中地区多处平原地带,当地农业生产力布局应采取以下几种方式。一是将种植业的优势发挥出来,实现传统种植业的产业升级,并结合农林牧渔业,形成浙中的特色产业。二是坚持生态环境和经济发展相平衡,发展绿色生态农业。三是立足生态资源条件和产业发展实际,重点发展绿色产业。坚持绿色生态农业,逐步淘汰低能、低产、过度依赖化肥等农作物,减少农业源污染,促进农民生产生活环境的改善。

在就业方面,47.21%的村民认为生态经济促进当地就业,但也有47.35%的村民认为生态经济对当地就业基本没影响,还有5.44%的村民认为生态经济会减少就业。可见,大部分村民认为发展生态经济对当地就业没有影响,甚至有小部分村民认为发展生态经济会造成不乐观的就业形势,这不利于当地乡村生态经济建设的发展。

从数据层面来看,村民对生态经济拉动就业的期待值差异较大,说明村民对生态经济仍抱有一定顾虑。生态经济拉动就业主要看生态经济的体量,体量越大拉动就业的能力就越大,因此关键在于做大做强生态经济。生态经济的发展是农村经济振兴的新赛道,是一种新事物。新事物在其发展的过程中,总是存在一个慢慢被群众接受的过程。因此,要发展生态经济就必须要让人民群众认识生态经济,接受生态经济,进而拥抱生态经济。这就要求基层政府展开生态经济的知识普及工作,尽可能地让人民群众接受这一新事物。同时,宣传工作的开展不能脱离现实生产,否则就会导致"两张皮"的问题。因此,基层工作要以推动实际的经济发展为主,以理论宣传为辅。

实现乡村振兴、经济腾飞、就业率的提升,缓解浙中地区老龄化的问题,就需要通过生态经济为年轻人提供更多高附加值的就业岗位。由图5—5可知,36.93%的村民认为需要加大宣传力度,让青年感兴趣;26.28%的村民认为需要让大学生村官、选调生基层

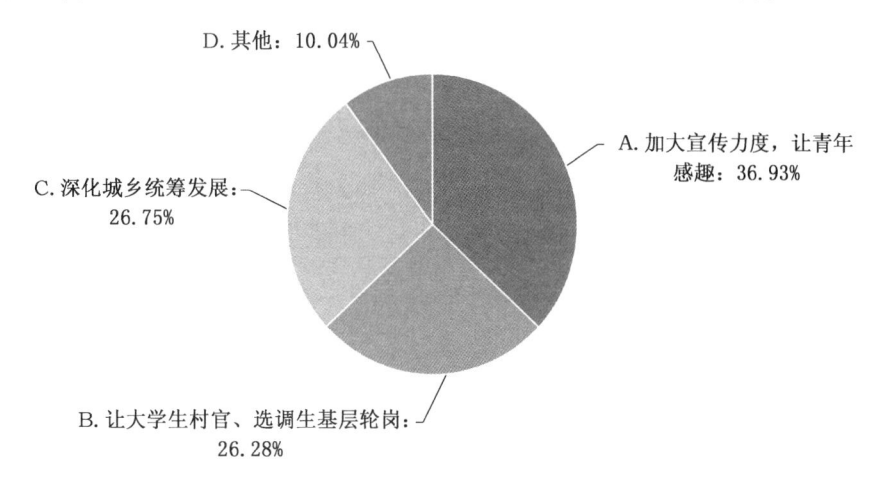

图5—5 保障农村青年人口稳定的措施

轮岗;26.75%的村民认为需要深化城乡统筹发展;10.04%的村民认为可以有其他措施。

由此可见,保障农村青年人口稳定的措施有很多,村民们认为加大宣传力度是首选,吸引更多的年轻人投身美丽乡村建设是乡村振兴的重要一环。一方面,宣传动员一向是党做好基层工作的重要方法,但是宣传工作要取得良好的效果并不能只着眼于宣传工作本身。保障农村青年人口稳定本身不是宣传问题,而是经济问题。农村经济发展疲软,产业结构单一,产业规模小,发展空间有限,能提供的工作岗位少,优质工作岗位更是凤毛麟角,自然无法留住青年。提振乡村经济,开辟新赛道,发挥乡村独特的优势才是留住青年的关键。将浙中地区与义乌做比较,年轻人之所以选择外流到义乌是因为义乌的经济发展迅猛,就业岗位更多,薪资更加可观。反观浙中地区的农村,原本的单纯种植业附加值低,产业基础薄弱,导致当地的农民人均收入低,这样自然会导致青壮年劳动力的外流。浙中平原地区地势平坦,农业基础比较好,可以发展复合型农业,例如像战旗村学习打造差异化的品牌,实现产业升级,这样可以提供更多的就业岗位吸引年轻人回流。另一方面,发展乡村经济是一个系统性的工程,并不能一蹴而就。而乡村经济的发展又离不开新鲜血液的注入,让青年在乡村逐渐发展起来之后再回流是不现实的。因此,乡村经济发展也需要通过行政手段,使人才资源向乡村倾斜,例如让大学生村官、选调生到基层轮岗等。而深化城乡统筹发展是在宏观层面上对现存的城乡二元结构的新的安排,继续推动以城带乡、相互赋能的城市农村新格局为生态经济发展提供了保障。

在乡村振兴的进程中,乡村不能"振"而"不兴"。做好、做实、做强乡村生态经济是十分重要的一个环节,只有充分发挥生态环境保护和生态振兴的重要作用,才能真正实现乡村振兴的目标,提高经济发展质量和人民生活水平。

第六章

浙中地区乡村生态治理现状与措施

21世纪以来,随着科学技术的迅速发展,无论城市还是农村均发生了天翻地覆的变化。而经济发展的同时也因更多化工产品的生产使用,对自然生态环境带来难以修复的创伤。纵观人类文明发展史,生态兴则文明兴,生态衰则文明衰。[①] 农村也是如此,为建立"浙中美丽乡村",需要相关政府部门有所作为,统筹规划,倡导村民共同参与生态治理的"攻坚战"。

第一节 浙中地区乡村生态治理的整体情况

习近平总书记在讲话中多次强调绿水青山就是金山银山,"如何使绿水青山向金山银山转换"是我们要思考和研究的课题。以金华为主体城市的浙中地区一直坚持可持续性的绿色发展观,积极落实生态环境治理工作,为构建资源节约型和环境友好型社会不懈奋斗。在当地政府和村民的共同努力下,浙中地区乡村居民的环保意识不断提高,生态环境得到很大程度的改善。在本次的调查中,我们看到浙中地区生态治理工作取得了不错的成效,主要体现在以下三个方面:

一、生态治理促进当地旅游业发展,成为经济发展重要引擎

浙中地区实施生态环境治理以来,乡村的生态环境产生了巨大的变化。《2020年金华市政府工作报告》指出,"浙中大花园"建设初见成效。浙中生态廊道建设持续推进,都市区绿道闭合圈贯通292公里。浙中地区全面推进"污水零直排区"建设,省控以上地表

---

① 习近平在北京世界园艺博览会上致辞[OL]. http://www.xinhuanet.com/video/2019-04-29/c_1210121835.htm, 2019-04-29.

水断面水质全部达到或优于Ⅲ类，创建省级美丽河湖12条，连续第五年夺取"大禹鼎"；空气质量六项指标首次实现全域达标，市区PM2.5平均浓度降至32微克每立方米，优良天数比例达88.8%；开展全国首个地级市国家森林城市群建设试点，荣获2019绿色中国特别贡献奖。义乌、磐安成为国家生态文明建设示范县，永康工业固废处置经验全省推广。全市实现旅游收入1 580亿元、增长16.9%，双龙风景旅游区列入国家5A级景区创建名单。[①] 随着政府对生态环境监管力度的不断加强，浙中地区的生态环境得到明显改善，这为乡村地区发展生态旅游业、采摘业打下了坚实的基础。

浙中地区实施生态旅游建设已近4年，金华市坚持落实"万村景区化"计划，坚持"乡村＋企业"的共建模式，根据当地的文化、环境特征，积极发展乡村生态旅游业，形成"浙江之心，水墨金华"的品牌。如磐安县尖山镇乌石村，利用自己独特的乡村文化和"火山台地，空中乡村"的独特地貌，依托来自上海的客流量打造出了独具特色的农家乐。兰溪诸葛八卦村是迄今为止发现的诸葛亮后裔最大聚居地，凭借高铁旅游专列打开了长三角的旅游市场。马岭脚村则凭借具有当地特色的乡村四合院，着力发展高端民宿，与周边村落形成差异化竞争，走出了一条独特的生态旅游之路。

在建设美丽乡村的过程中，浙中乡村逐渐摸索出适合自己的发展模式，不仅单纯发展旅游业，还致力于探索生态康养发展模式，创新发展新型生态服务业等复合型生态产业，将本地的农业优势与新生态相结合。浙中乡村正在实现差异化生态产业建设的道路上不断奋斗。

二、积极落实生态治理工作，乡村人居环境得到一定改善

在本次的调查中，我们发现生态环境治理对浙中地区乡村的人居环境改善起到了重要作用。如图6－1所示，人们对于当地人居环境的改善情况是很满意的。57.77%的村民觉得卫生条件得到了改善；50.17%的村民认为公共服务得到了显著提升；50.12%的村民认为住房环境得到了改善；除此之外还有30.46%的村民认为邻里关系得到了改善。由此可见，乡村的生态治理不仅仅改善了环境，同时也提升了村民的生活状态和幸福感。

金华市正在深入实施"百镇样板、千镇美丽"工程，旨在建设生态宜居的美丽乡村，打造"环境美、生活美、产业美、人文美、治理美"的"五美"城镇。经过乡村生态治理，农村的生活基础设施已经逐步完善，一些高污染、高能耗的产业迁出乡村。在生活服务方面，浙

---

① 2020年金华市政府工作报告[OL]. http://www.jinhua.gov.cn/art/2020/4/30/art_1229160488_52761055.html. 2020-04-30.

```
B.卫生条件          57.77%
D.公共服务          50.17%
A.住房环境          50.12%
C.邻里关系          30.46%
E.其他              6.01%
```

图 6—1　乡村人居环境的改善

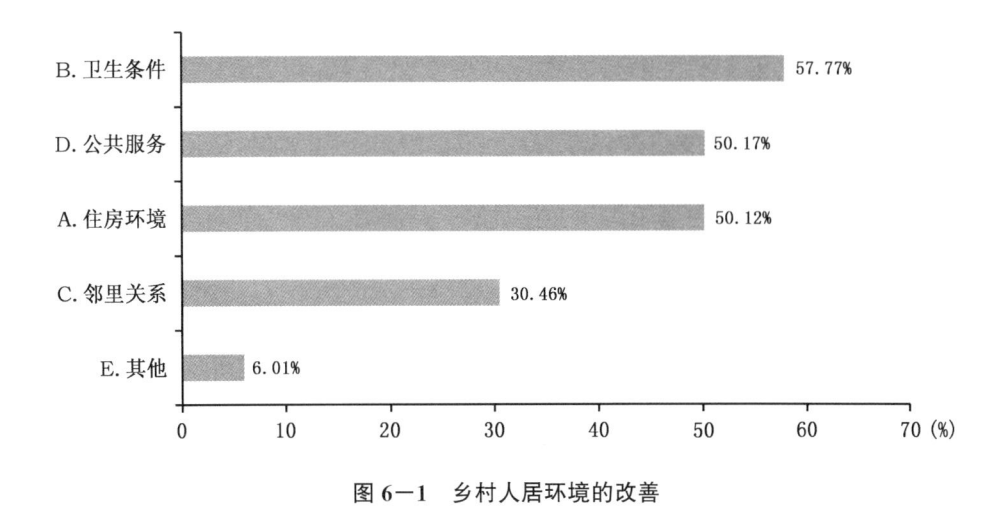

中地区的基础医疗、教育和养老等涉及民生的基础产业也得到了发展,老百姓的生活有了保障,幸福感也随之增强;在生活垃圾处理方面,无论是垃圾分类投放、无害化处理,还是垃圾分类的政策宣传,浙中乡村都将这些工作落到了实处,村民从最初的勉强配合转变为现在的主动分类投放;在能源建设方面,浙中乡村新能源改造工作逐步完善,包括电网改造、直饮水改造、天然气改造等,更加方便、绿色的生活正在走进乡村。这些新变化影响着农民的日常生活,改善着乡村的人居环境。总之,浙中乡村的生态治理注重资源保护、城乡结合、文化打造和特色培养,相信经过时间的检验,浙中乡村会呈现出崭新的面貌。

三、政府负责、群众参与,共同保障乡村生态治理工作的实施

生态治理政策的顺利实施离不开政府的积极作为,在浙中地区乡村的生态治理中,政府的负责统筹起着至关重要的作用。政府统筹规划,放手发动群众,立足于浙中地区实际发展,始终将乡村生态环境的治理和建设放在重要位置,经过近几年的共同努力,天蓝、水清、山绿的浙中生态环境格局逐渐形成。

第二节　浙中地区乡村生态治理的具体问题

一、地区生态问题

近年来,浙中地区积极响应国家政策要求,根据"四治、三清一改、门前三包"的乡村

治理要求，在生态治理方面取得较好的成效。然而，本次调查发现，不少农村仍面临着较为严峻的生态治理问题。

由图6—2可知，该地区最严重的生态问题为耕地减少，占比39.18%。农村耕地的减少必将对该地区生态保护工作产生极大的消极影响。耕地是一种人工—自然生态复合系统，它不仅是实现物质生产的基本保障，同时兼具物质循环、能量转化、调节气候、保持水土、维护生物多样性、净化环境等生态功能。浙中地区耕地骤减的原因具体可分为自然因素、社会因素、人为因素、文化因素等。从自然因素来看，全球气候变暖使得一些肥沃的土地因降雨量不足而荒芜。从社会因素来看，一方面，因城市化进程加快，道路建设、住房和娱乐等设施的兴建导致农村的耕地不断地被侵占，一些农民随意建房和宅基地的重复建设非法征用耕地面积；另一方面，因大部分青年劳动力选择外出务工，留守在农村的大多是缺乏劳动力的年迈老人或未成年儿童，这造成了耕地荒芜的现象。从文化因素来看，现代社会中，主流文化是市场经济下的文化，并非小农文化，耕地不能直接、快速地给人们带来相应的经济利益，因此大多数村民可能更愿意外出挣钱而不再有"恋土"情节。

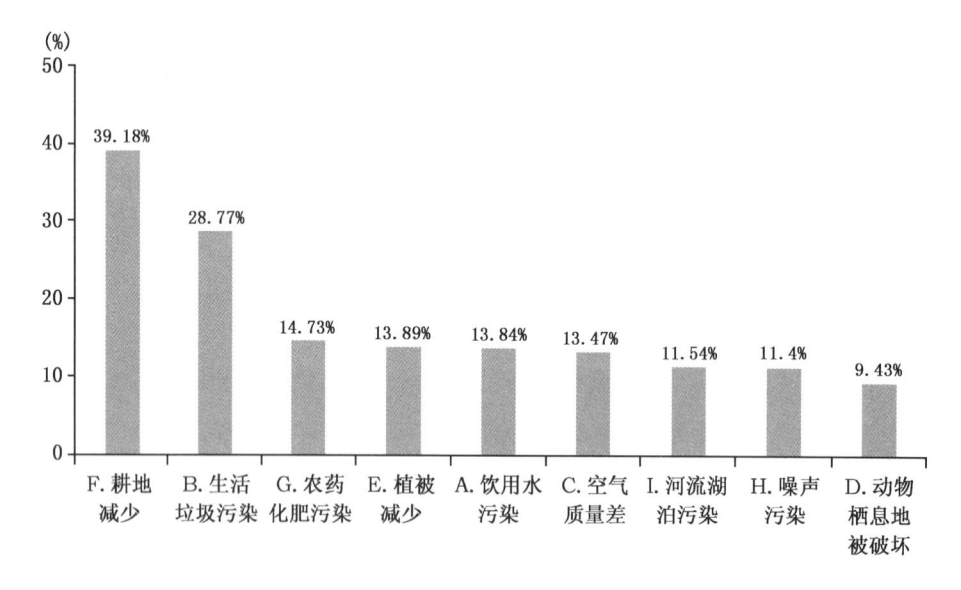

图6—2 地区生态问题

生活垃圾污染对生态的破坏也较为显著，占比28.77%。伴随着经济迅速发展，浙中地区农民的生活水平得到不断提升，生活垃圾也越来越多，尤其是难以降解的塑料垃圾。然而，在农村部分村民可能缺乏较强的环境保护意识和垃圾分类处理意识，对生活垃圾的处理缺乏科学性、合规性、环保性。本次调研结果显示，浙中地区垃圾处理的方式主要是焚烧和掩埋，这样的处理方式极易造成农村的空气污染和土质破坏。因此，生活垃圾的处理也是一个值得当地重视的问题。为了合理科学地处理好生活垃圾，一方面需要利用政府制度、村规民约等柔性管理制度来提高村民的环境意识；另一方面需要加大资金的投入，建立起系统有效的农村生活垃圾处理场地、设施。

此外，农药化肥污染、植被减少、空气质量差、河流湖泊污染、噪声污染、动物栖息被破坏等也对当地生态造成一定程度的危害。农药化肥污染也是相关政府部门必须重视的问题，过量使用化肥、施用农药，不仅会因土壤污染造成土质破坏而影响农作物产量，而且会造成当地水体污染，间接地危害村民的身体健康。因此，政府部门除了在各地区做好生态环境保护的宣传工作之外，针对生产化肥农药的工厂及部分家庭小作坊等，应加大监管力度，推广新型有机肥的合理使用。

针对浙中地区已显现出的各种生态问题，相关政府部门必须进一步统筹规划，实事求是，科学系统地展开综合治理工作，打造宜居舒适的美丽环境。

二、生态保护行为对村民收入的影响

在农村有效开展生态治理工作，最关键的是从村民自身做起，提高生态环境保护意识，在村民中形成合力使其共同参与当地生态环境治理。在本次调查中，调研队伍就影响村民生态保护行为的相关因素展开调查，发现村民主要将生态保护与家庭收入联系起来。由图6－3可知，占比43.27%的村民认为生态保护行为对自身收入没有影响；26.37%的村民认为进行生态环境保护能够促进收入增加但幅度不大；极少部分的村民认为生态保护行为会让自身收入大大增加，占比4.83%。然而，在调查中，我们发现仍

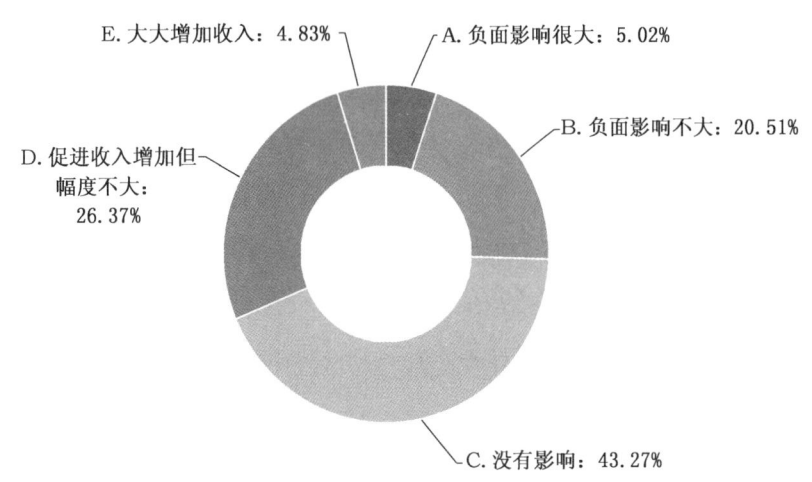

图6－3 生态保护行为对村民收入的影响

有占比5.02%的村民认为生态保护行为会对村民收入产生极大的负面影响,这说明当地仍有少数村民未能对环境保护与经济收益的关系形成正确的认知,这不利于当地系统的生态治理工作的开展。

实际上,经济发展与生态环境的保护两者并非绝对冲突且难以并行发展。毋庸置疑,发展农村经济时我们同样不能以牺牲环境为代价,必须坚决守住不能破坏环境这条底线。村民也应该意识到,注重保护生态环境能够优化经济发展,促进绿色经济发展,实现"在保护中发展,在发展中保护"。

第三节 浙中地区生态治理措施

浙中地区面临的生态问题呈现出类别多、程度重、关系复杂的特征,在开展生态治理工作时,既要注重系统性、整体性,又要兼顾针对性、特殊性。

金华市统计局数据显示,2019年全年,金华市出口贸易总额为4 613.3亿元,进口贸易总额为253.3亿元,贸易顺差高达4 360亿元,经济外向性强。[①] 其中,皮革、毛皮、羽毛及其制品和制鞋业、家具制造业、木材加工和木、竹、藤、棕、草制品业、纺织服装、服饰业对出口的贡献率较大。[②] 不难发现,这些产业多为高污染行业,是浙中地区生态破坏和环境污染的主要源头,因此整治高污染行业是浙中地区生态治理的抓手。从2004年到2014年的十年间,浙江省实行"腾笼换鸟"政策,以生态农业、优质农业代替传统农业,以新兴制造业代替传统工业。通过产业转型升级的方式,解决耕地锐减、环境污染、能源困局等问题,实现生态良好与生产发展的双赢。党的十九大报告指出,要加快生态文明体制改革,建设美丽中国,要贯彻绿色发展理念,走生态良好、生产发展、生活富裕的文明发展道路。浙中地区生态治理应从以下几方面着手:

一、构建生态环境治理体系

在宏观政策层面,首先是推动建立关于绿色生产和消费的法律制度与舆论导向,营造清洁生产、绿色生活的社会风气;协调环保立法、生态监察、舆论宣传、生态文明教育等多方力量,形成合力,使得生态文明理念深入人心。其次是改革生态环境监督体制。不

[①] 2020年金华市国民经济和社会发展统计公报[OL]. http://tjj.jinhua.gov.cn/art/2021/2/23/art_1229317894_3815152.html.
[②] 金华工业经济结构和发展状况简析[OL]. http://tjj.jinhua.gov.cn/art/2020/5/12/art_1229317892_2982631.html.

同的生态问题并不是孤立存在的,而是具有错综复杂的关系,例如生活垃圾污染与农药化肥污染不仅会导致河流湖泊污染,还会造成耕地污染,进而引发次生灾害,威胁生物多样性。因此,生态治理要做到源头治理,对土壤、河流湖泊、森林、大气等各个方面统筹监管。加强对生态文明建设的总体设计和组织领导势在必行,整合各相关管理机构职能,统一监管、统一执法、统一履行职责,从源头治理出发,构建全方位、立体式的生态环境治理体系。

根据《2019年金华市环境状况公报》统计,截至2019年,金华市出台《金华市生态环境局重大行政决策管理办法》《金华市生态环境局重大行政执法决定法制审核规定》《金华市生态环境行政执法公示制度》《金华市生态环境行政执法全过程记录办法》《金华市区声环境功能区划分方案》《金华市大气环境质量限期达标规划》等关于生态环境治理的政策法规,为生态治理提供了法律支持。与此同时,金华市委市政府根据《金华市市直有关单位生态环境保护工作职责》对全市具有生态治理职能的34个部门的相关职责进行梳理、划分与整合,提高了各部门在生态治理过程中的协调能力,为全力实施环境监管扫除了障碍。2019年,金华市开展"清污1号""清废2019""防风险保平安迎大庆"专题执法行动,全市共查处环境违法行政案1 512件,处罚金额8 996.974 3万元,查封扣押案件218件,限产、停产案件4件,移送公安机关行政拘留案件11件,行政拘留11人;涉嫌污染犯罪案件移送22件,刑事拘留37人。金华市开展"双随机、一公开"、跨部门随机抽查、专项检查等工作,共检查监管对象4 897家次;其中,随机抽查2 468家次,专项检查1 840家次,即时检查585家次,事件核查4家次,发现并处置监管对象环境问题188家次,加强企业环境信用评价管理,公布环境违法"黑名单"企业3家。[①]

二、提高生态治理的科学化和专业化水平

在具体问题的治理上,要提高科学化和专业化水平,专门问题专门处理,避免权责不清,胡子眉毛一把抓。

在土壤污染问题上,打好净土保卫战。土壤污染往往是由工业废水、生活废水污染导致的,因此治理土壤污染必须做好协调工作,坚持各部门联动,源头治理与下游治理双管齐下。农业是农村生态经济的根本与命脉,土壤是农业生产的关键。而治理土壤污染的难度在于,已污染土壤净化的周期长,治理窗口期短。已污染土壤与未污染土壤之间并不是泾渭分明,若错过治理窗口期,污染将随着水循环不断扩散至周边土壤、成土母质

---

① 2019年金华市环境状况公报[OL]. http://sthjj.jinhua.gov.cn/art/2020/6/5/art_1229168485_58914817.html.

与地下径流,并经由地下径流蔓延至更大范围的土壤。要又快又好地推动土壤污染治理,就必须构建"查、防、治、管"一体的土壤污染防治制度体系;对重点地块进行信息采集、空间整合和精确筛查,及时发现,及时治理;对已严重污染的、难以投入农业生产的地块,在评估风险、确保安全的前提下,探索新的修复与开发路径。

在大气污染问题上,打好蓝天保卫战。从源头治理出发,对废气进行精准治理。废气排放可以分为工业生产废气排放、农业生产废气排放和生活废气排放三种。针对工业生产废气排放,要坚持减排与净化双管齐下。一方面,生产组织要实施创新驱动发展战略,推动生产理念创新、生产技术创新,减少排放量;另一方面,政府要加强生产监管,监督高耗能、高排放、高污染企业安装和启用净化设施,做到使其不敢排、不能排、不愿排。生产组织在技术创新驱动下,也要适时变革产品构成、生产流程,对排放物进行回收再利用,开发副产品生产线。农业生产废气排放主要来自燃烧秸秆。生态治理部门要联合基层组织做好舆论宣传与监管工作。一方面要创新农业生产堆肥技术,从热力燃烧过渡为生物降解,开辟出一条效果好、成本低的堆肥技术路径。另一方面要探索农村居民沼气池建设路径,将秸秆回收降解为绿色燃气,用沼气取代柴禾、秸梗。针对生活废气排放问题,政府在协调财政开支的前提下,扩大城市公共交通开发,多元考虑快速公交、地铁、轻轨、城际铁路、有轨电车等多种公共交通模式。

在水污染问题上,打好碧水提升战。长期的粗放型发展使得浙中地区的水污染已经从一般的地表径流污染恶化为饮用水水质污染。"十三五"期间,浙江省一方面推动"腾笼换鸟"工程,以放缓经济增速为代价,对高污染企业进行集中整治。一是推动排放较少的企业通过技术创新的方式继续减少排放量,并通过集群的方式集中处理污水,提高效率。二是推动排放高、污染重的企业集体搬迁,实现产业转移,为引入新型制造业提供空间。另一方面,浙江省将五水共治作为生态环境治理的重点工程,监管与惩治力度前所未有。党的十九大报告指出,中国特色社会主义进入新时代,中国社会的主要矛盾转化为人民日益增长的美好生活需要同不平衡不充分的发展之间的矛盾。对"两山理论"的发源地浙江而言,不能只停留在水污染治理方面,而是要把目标聚焦于提升水质和打造高水质的水系。一是坚持以河长制、湖长制为中心,理顺权责脉络。二是加大基础设施投资,推动建立净化能力更强的污水处理中心,将浙中地区打造为长三角绿色水系的核心。

第二篇

文化·素养·财富观与乡村生态经济

乡村生态经济是实现经济腾飞与环境保护、物质文明与精神文明、自然生态与人类生态的高度统一和可持续发展的经济，而研究生态经济的发展离不开研究与其相关的因素。探究乡村民俗文化、居民文化素养和居民财富观与生态经济的关系，有助于我们对乡村生态经济的研究。

民俗文化是文化的重要组成部分，民俗文化中保留的物质文化遗产和非物质文化遗产，不仅是中华优秀传统文化的宝贵财富，也是生态经济发展和旅游资源开发的重要资源。居民受教育程度的提高，民众文化素养的提升，有助于新时代中国经济的高质量发展，有助于推进社会主义现代化建设。放眼浙中地区农村发展的实际情况，居民文化素养的提升与今后乡村振兴愿景的实现息息相关。居民财富观的教育对于乡村的生态经济发展具有一定的促进作用。要使生态自然财富与文化财富纳入现代财富生产系统，必须从单一的价值化财富经济体系向价值化与实物化双元财富经济体系转型，实现国民福利最大化需要价值化与实物化的双元财富观。

第七章

生态经济视角下浙中地区民俗文化研究

文化是一个国家综合国力的重要体现。习近平总书记在党的十九大报告中指出："文化是一个国家、一个民族的灵魂。文化兴国运兴，文化强民族强。没有高度的文化自信，没有文化的繁荣兴盛，就没有中华民族伟大复兴。"民俗文化是中华文化的重要组成部分，其中保留的物质文化遗产和非物质文化遗产，不仅是中华优秀传统文化的宝贵财富，也是生态经济发展和旅游业开发的重要资源。

作为一座具有上万年历史的文化古城，金华孕育了灿烂的古代文明，勤劳朴实的金华人民通过口耳相传、世代传承等方式，将民俗文化不断延续和发展，这些是民间的艺术瑰宝，是人们相沿成习的文化现象、生活方式和文化模式，因此应该在保护中传承、在传承中发扬、在发扬中创新、在创新中发展。党的十九届五中全会提出全面实施乡村振兴战略，"构建乡村文化生态系统，重塑乡风文明，实现文化振兴"。文化振兴的实现离不开根植于民间的传统民俗文化，金华的民俗文化种类繁多，涉及生活礼俗、岁时节日民俗、人生礼俗、信仰民俗等。然而"百里不同风，千里不同俗"，民俗文化存在很大的地域差异，通过本次调研，我们对浙中地区民俗文化现状、民俗文化保护、民俗文化产业发展等情况有了基本了解。

第一节 浙中地区民俗文化调研基本情况

一、民俗文化现状

通过问卷调查，我们从以下几个方面了解浙中地区民俗文化的现状。

(一)居民对所在村庄民俗文化的了解程度

由图7-1可知，36.74%的居民对所在村庄的民俗文化比较了解，33.51%的居民对所在村庄的民俗文化一般了解,14.64%的居民对所在村庄的民俗文化非常了解,对所在村庄的民俗文化不了解的占比12.81%,对所在村庄的民俗文化完全不了解的占比2.3%。总体而言,居民对所在村庄的民俗文化普遍较为了解,说明民俗文化在群众之中的普及程度较高。

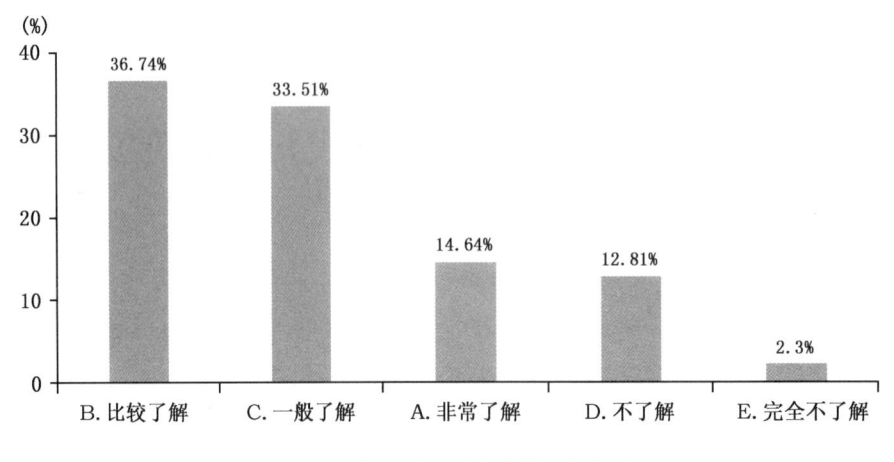

图7-1 居民对民俗文化的了解程度

(二)居民对所在村庄特色民俗(饮食文化、节日风俗等)的认知情况

如图7-2所示,认为所在村庄有特色民俗的居民占比45.85%;认为所在村庄没有特色民俗的居民占比28.39%;与此同时,仍有极少数居民不清楚所在村庄是否存在特色民俗。这说明居民对民俗文化的认知存在群体差异,民俗在传承过程中存在一定程度的断层风险,一些地区的特色民俗仍需加强宣传和普及。

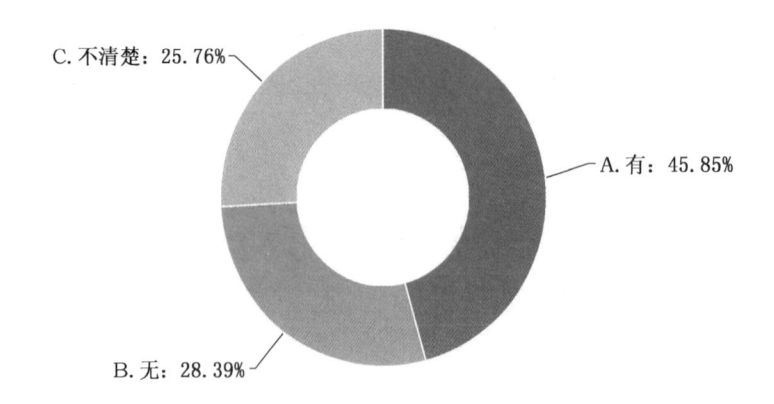

图7-2 居民对特色民俗的认知情况

(三)所在村庄居民对民俗文化传承形式的偏好情况

由图7-3可知,居民对所在村庄民俗文化的传承形式认知中,偏好主要以方言、传统节日、传统美食、传统手工艺、历史古迹和旅游为主;此外,还偏好具有文学性与研究性的古典文学、书法字画、中医等民俗文化传承形式。这体现了居民对传承形式偏好的多样性。

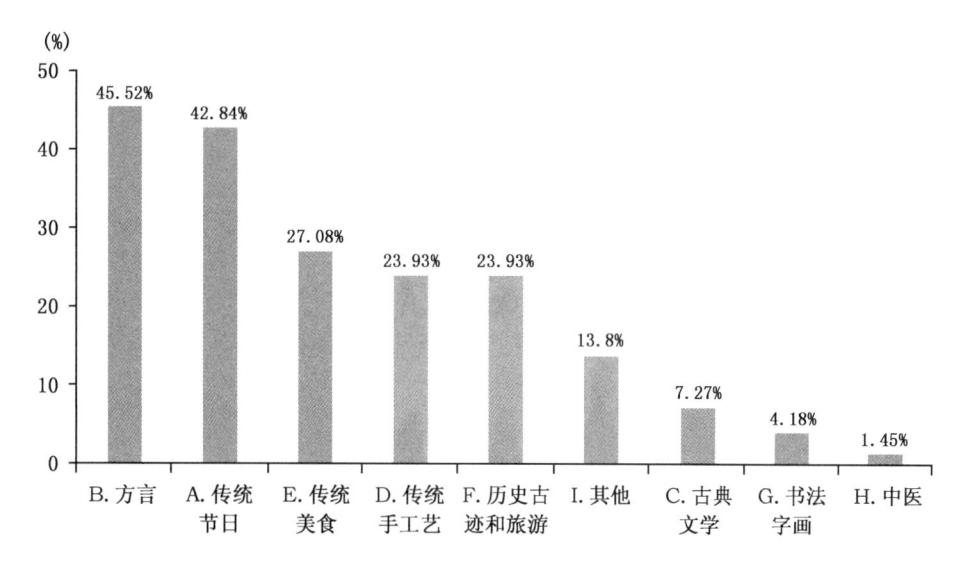

图7-3 居民对民俗文化传承形式的偏好情况

(四)居民对民俗文化的态度

由图7-4可知,绝大部分居民十分重视民俗文化的传承,其中有44.96%的居民认为民俗文化非常有必要被保护;39.32%的居民认为民俗文化有必要被保护;与此同时,

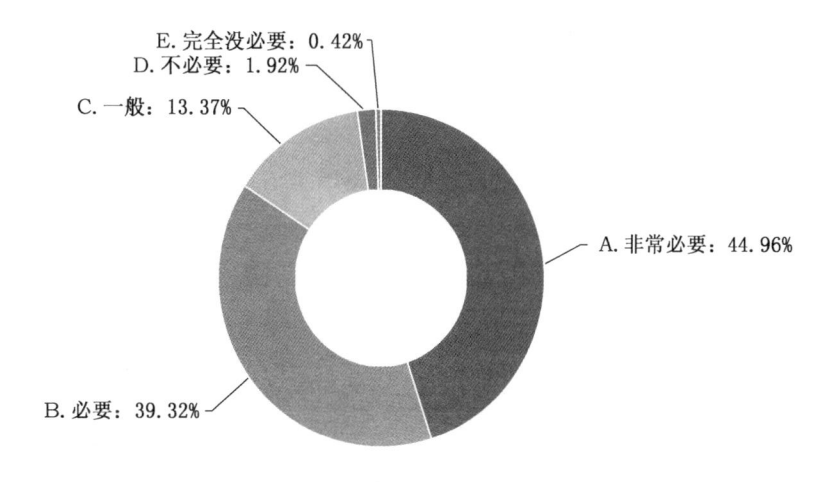

图7-4 居民对民俗文化的态度

仍有极少数居民认为民俗文化没有被保护的必要。这说明绝大多数居民对民俗文化有保护的意愿,但仍有少部分居民需要加强对民俗文化保护必要性的认知。

(五)居民对民俗文化价值的认识

由图7—5可知,居民认为民俗文化的价值可以体现在文化(保护民俗传承、改善文化教育)、经济(刺激旅游消费、增加就业机会)、生活(增进亲友感情、改善基础设施)等方面。其中,31.25%的居民认为民俗文化最重要的价值是保护民俗传承。

选项	百分比
E.保护民俗传承	31.25%
A.刺激旅游消费	20.69%
C.提升本村影响	14.69%
B.增加就业机会	11.78%
F.增进亲友感情	9.1%
D.改善基础建设	5.49%
G.改善文化教育	5.3%
H.其他	1.69%

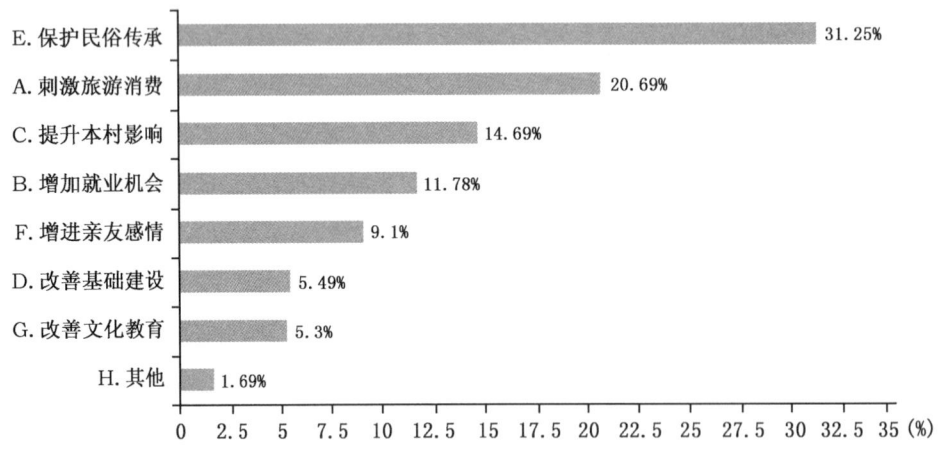

图7—5 居民对民俗文化价值的认识

(六)居民了解民俗文化的途径

由图7—6可知,63.77%的居民会选择方便的即时通信即口头相传来了解民俗文化,图书报刊并没有成为居民的首选;此外,父母长辈、社会媒体也是大部分居民了解民俗文化的共同途径。这说明该地区在民俗文化宣传途径上的多样性,但大多数居民是在

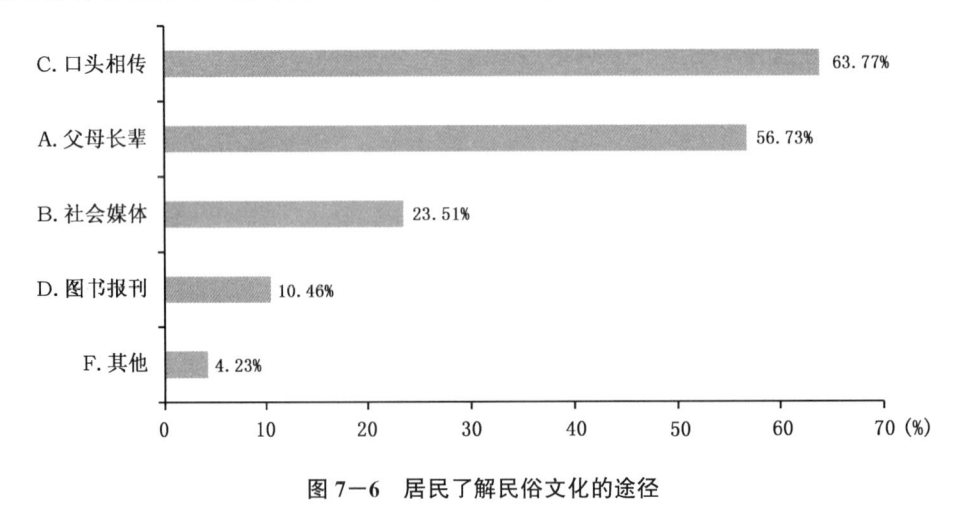

选项	百分比
C.口头相传	63.77%
A.父母长辈	56.73%
B.社会媒体	23.51%
D.图书报刊	10.46%
F.其他	4.23%

图7—6 居民了解民俗文化的途径

日常的生活中潜移默化地了解民俗文化,因此,居民可以通过多元化的途径深入探析当地的民俗文化传统。

(七)居民对传统民俗的来历或典故的了解程度

由图7-7可知,绝大部分的居民对传统民俗的来历或故事有一定的了解,其中,能讲非常多,而且讲得非常准确的居民占比5.63%;能讲比较多,而且讲得基本准确的居民占比17.55%;能讲一些,但不太准确的居民占比35.01%;知道一些,但不太会讲的居民占比31.68%。这说明虽然绝大多数居民对传统民俗由来或典故有一定的了解,但对传统民俗的认知局限于日常生活,且多为浅层次的了解,缺乏知识性、系统性的学习。

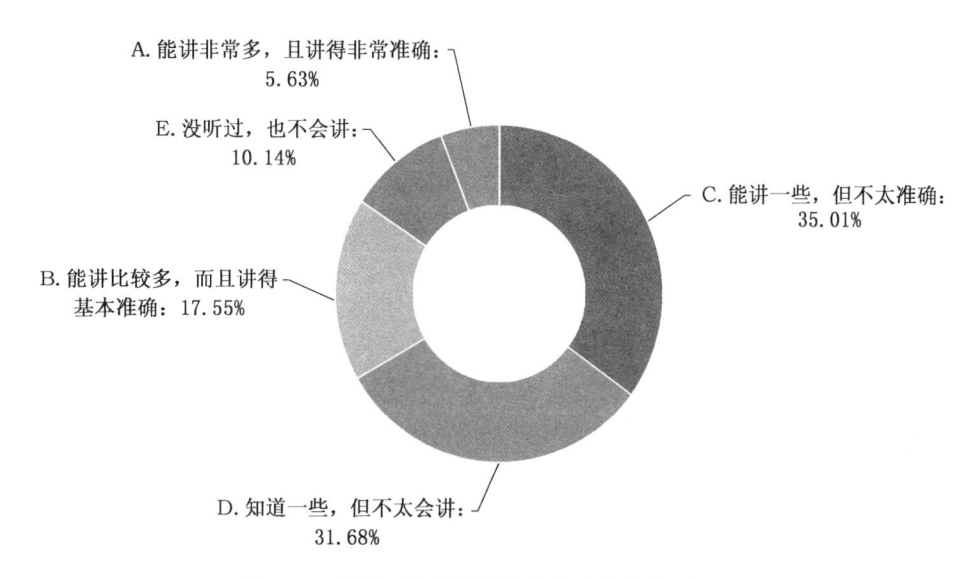

图7-7 居民对传统民俗的来历或典故的了解程度

(八)居民参加所在村庄民俗文化活动的频率

由图7-8可知,大多数居民很少参加所在村庄民俗文化活动,只有少部分居民偶尔或一年参加一次所在村庄民俗文化活动。其原因有两种,一是活动举办频次不高,活动形式单一,内容不够丰富;二是村民对民俗文化活动的热衷性不强,关于民俗文化的传承意识较为薄弱。

图 7-8　居民参加所在村庄民俗文化活动的频率

二、民俗文化保护现状

民俗文化的保护现状,主要了解了以下几个方面:

(一)居民对当地传统民俗文化保留工作的看法

如图 7-9 所示,当地传统民俗文化保留工作状态较为良好,但仍有 7.88% 的居民认为工作效果不好,2.21% 的居民认为工作存在很大漏洞,这说明当地对于传统民俗文化的保留工作还需改进。认为保留工作达到预期的居民占比为 54.1%,而认为保留工作没有达到预期的居民占比为 45.9%。这两种预期程度比例相近,但有近半数的居民认为保留工作没有达到预期,说明传统民俗文化保留工作的开展仍需要加大力度,以满

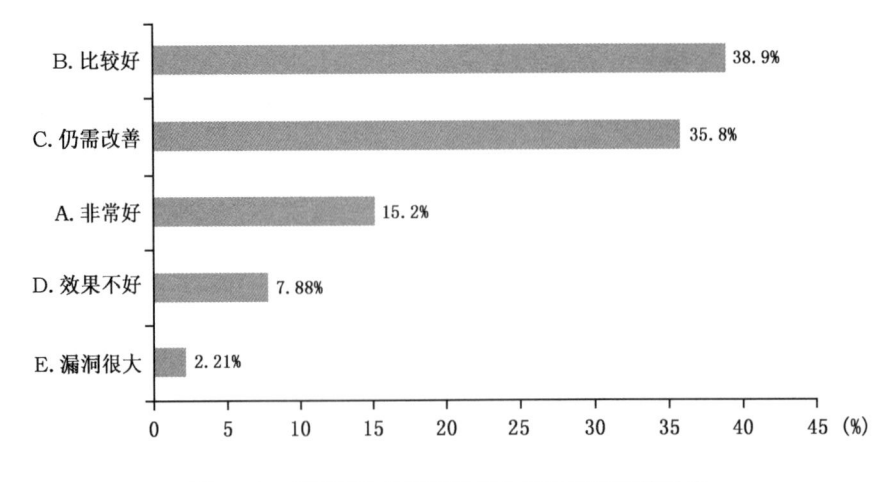

图 7-9　居民对当地传统民俗文化保留工作的看法

足更多居民的期待。

（二）居民对所在村庄民俗文化的现状的认知情况

由图 7-10 可知，半数以上的人认为民俗文化的影响依旧存在；但仍有 25.86% 的居民认为所在村庄的民俗文化正在消逝；2.11% 的居民认为所在村庄的民俗文化已经荡然无存。这说明民俗文化的传承工作存在很大漏洞，需要及时补救。

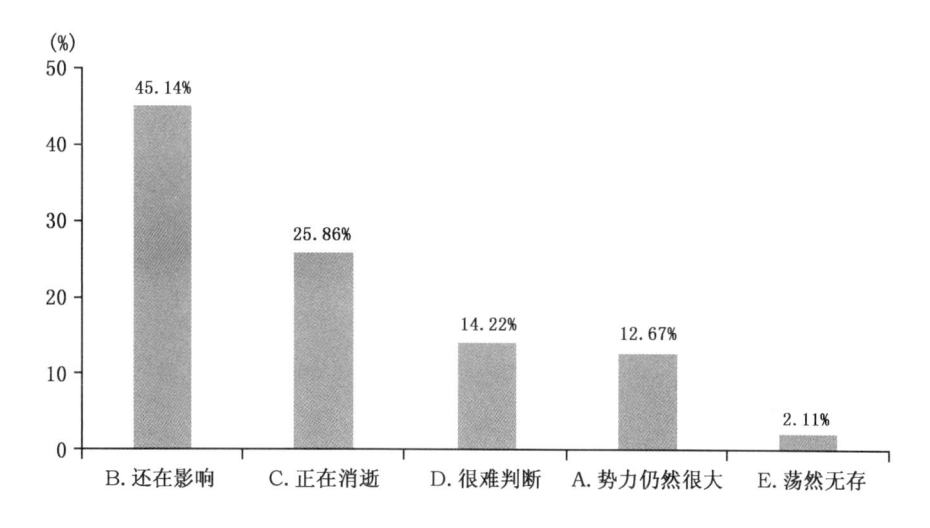

图 7-10　居民对所在村庄民俗文化的现状的认知情况

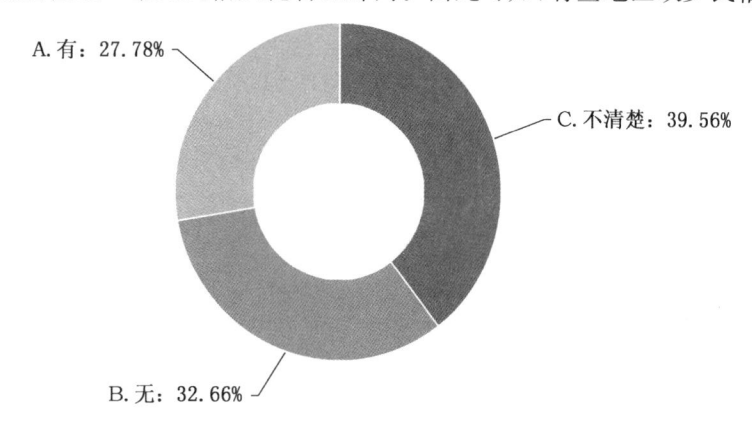

（三）居民对所在村庄专设的民俗文化管理部门的认知情况

如图 7-11 所示，清楚当地有民俗文化管理部门的居民占比为 27.78%，清楚当地无民俗文化管理部门的居民占比为 32.66%，而不清楚当地有无民俗文化管理部门的居民占比为 39.56%。超过三分之一的居民不清楚当地是否设立民俗文化管理部门，同时三分之一居民的居住地一带无民俗文化管理部门。由此可知，有些地区缺少民俗文化管

图 7-11　居民对所在村庄专设的民俗文化管理部门的认知情况

理部门,有些民俗管理部门在建设和宣传上存在漏洞,还需加强民俗管理部门的建设与宣传工作。

(四)居民对所在村庄民俗文化资源保护存在问题的看法

如图 7-12 所示,从物质投入角度来看,36.88%的居民认为民俗文化的保护在资金上投入不足,认为基础设施不健全的居民占比 32.38%。从政策支持和宣传层面来看,35.48%的居民认为对民俗文化的宣传力度有待加强;34.91%的居民认为政策支持的力度不大;19.76%的居民认为相关法律建设有待加强,说明相关法律的立法还不够完善,由于文化的特殊性,更应该加强相关法律的建设和完善。从民俗文化发展角度来看,36.13%的居民认为当地缺乏优秀文化人才;33.65%的居民认为民俗文化本身缺乏科学有序的传承制度。此外,3.75%的居民认为还有其他的问题待解决。

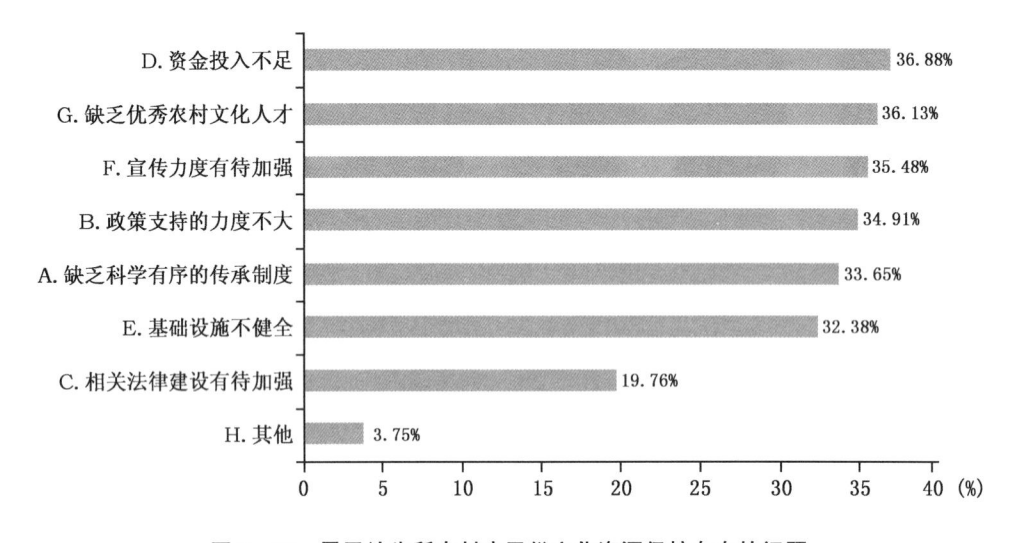

选项	百分比
D.资金投入不足	36.88%
G.缺乏优秀农村文化人才	36.13%
F.宣传力度有待加强	35.48%
B.政策支持的力度不大	34.91%
A.缺乏科学有序的传承制度	33.65%
E.基础设施不健全	32.38%
C.相关法律建设有待加强	19.76%
H.其他	3.75%

图 7-12 居民认为所在村庄民俗文化资源保护存在的问题

综上所述,目前民俗文化资源的保护存在诸多问题,需要政府、居民、相关部门合力来推动民俗文化保护和发展。

(五)居民对政府民俗文化的传承措施的建议

如图 7-13 所示,只有 14.59%的居民认同让民俗文化自然发展,无论其改变还是消失,政府都不予插手;大多数居民认为需要外界力量进行干预,过半数的居民希望政府宣传民俗文化以及对民俗文化的传承进行扶持。由此可见,顶层设计是地方文化发展的有力推动,政府及相关机构应该提出合理的方案来促进民俗文化的传承。

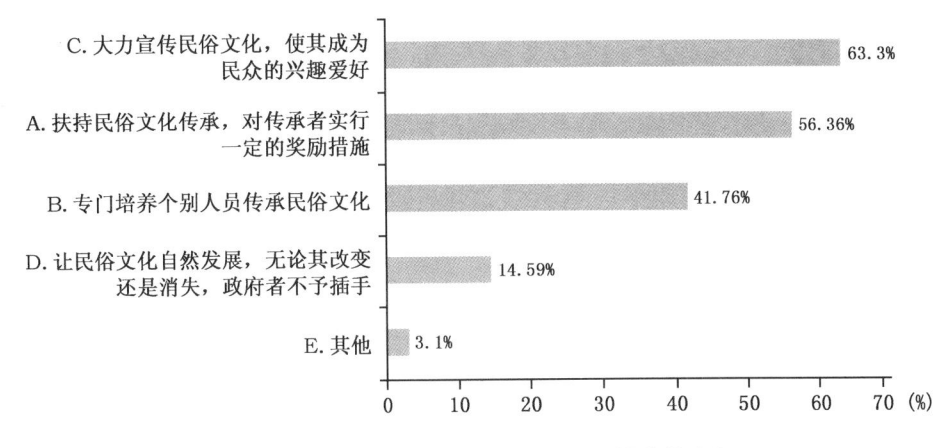

图 7-13　居民对政府民俗文化的传承措施的建议

三、民俗文化产业现状

(一)居民对所在村庄的民俗文化产业的认知情况

如图 7-14 所示,大部分居民了解当地的民俗文化产业情况。其中,居住地一带有民俗文化产业的居民比例为 33.36%,居住地一带无民俗文化产业的居民比例为 35.66%,对自身居住地民俗文化产业情况不清楚的居民占比为 30.97%。这说明浙中地区民俗文化产业还处于初级发展阶段,在民俗文化产业的建设和宣传上,尚有比较大的发展空间,需要进一步的合理开发和利用。

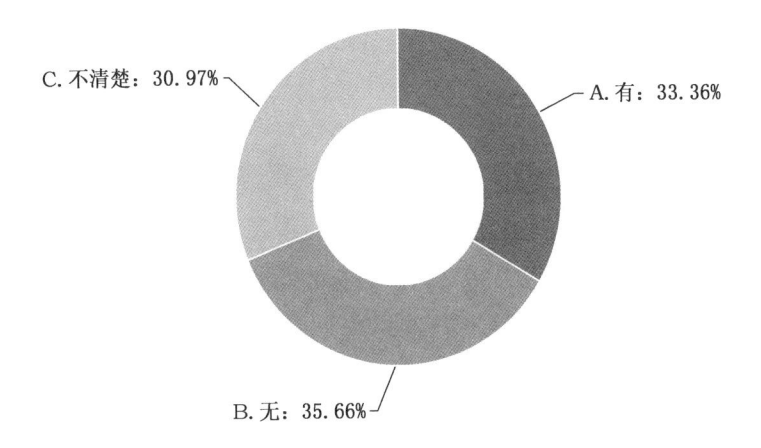

图 7-14　居民对所在村庄的民俗文化产业的认知情况

(二)居民对所在村庄的乡村旅游文化产业的认知情况

如图 7-15 所示,大部分居民清楚当地的民俗旅游文化产业发展情况。其中,居住地一带有民俗旅游文化产业的居民比例为 35.15%;居住地一带无民俗旅游文化产业的居民比例为 37.73%;对自身居住地民俗旅游文化产业情况不清楚的居民占比 27.12%。各类情况占比差距不大,说明浙中地区民俗旅游文化产业有待发展,其建设以及宣传仍有待加强。

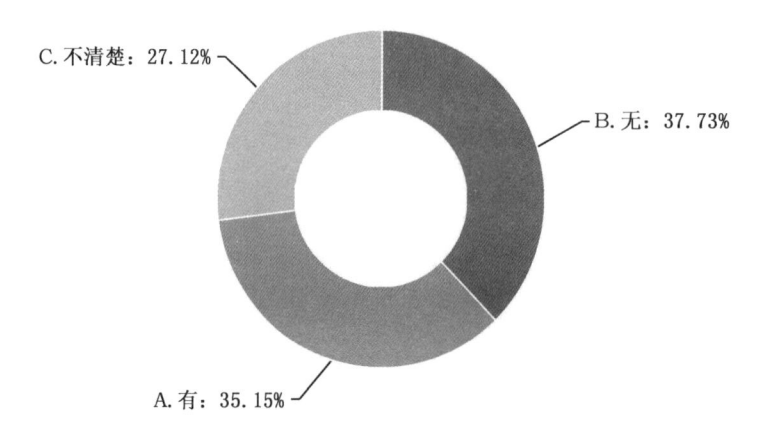

图 7-15 居民对所在村庄的乡村旅游文化产业的认知情况

(三)居民对以获取经济效益为目的的民俗文化资源开发的态度

如图 7-16 所示,3.05% 的居民不太希望通过开发当地民俗文化资源获取经济效益,1.08% 的居民完全不希望开发当地民俗文化资源获取经济效益。这说明部分居民对以获取经济效益为目的的民俗文化资源开发持反对态度,这或许因为以经济效益为目的的开发只重视经济效益而忽视文化遗产保护、社会价值呈现、生态经济良性循环,所以需要进行改进。而通过数据可知,有开发民俗文化资源意愿的居民占比为 80.05%,这说

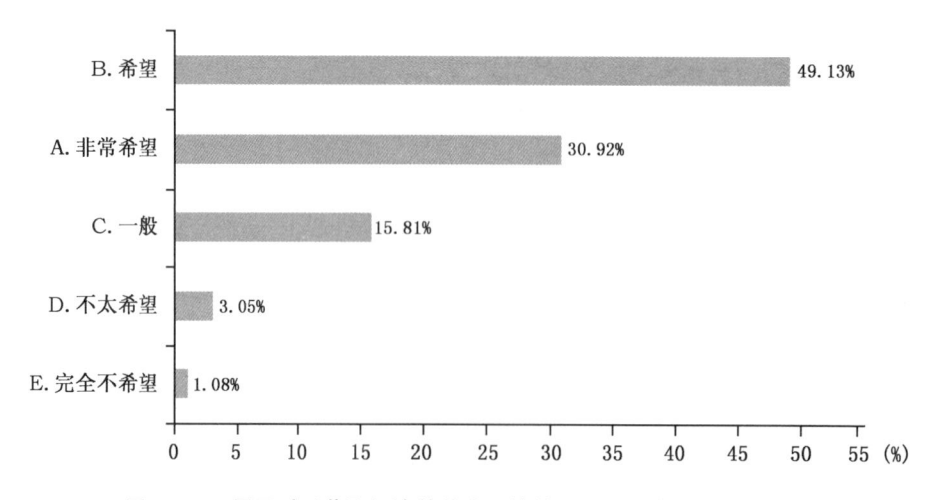

图 7-16 居民对以获取经济效益为目的的民俗文化资源开发的态度

明绝大多数居民对民俗文化资源的开发持支持态度,他们希望通过民俗文化资源的开发带动地方全方位、可持续发展。

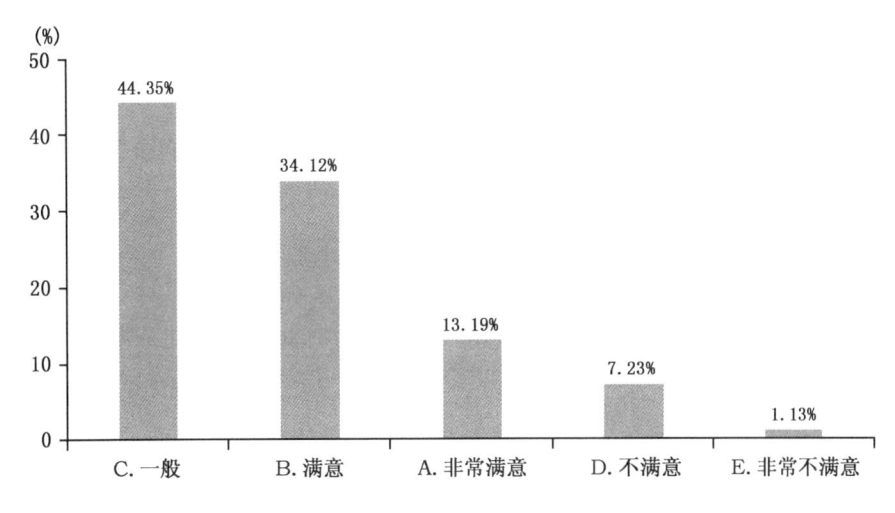

(四)居民对所在村庄的民俗文化产业开发的满意程度

由图7-17可知,绝大部分居民对所在村庄的民俗文化产业开发比较满意,其中,44.35%的居民认为所在村庄的民俗文化产业开发一般;34.12%的居民对所在村庄的民俗文化产业开发表示满意;13.19%的居民对所在村庄的民俗文化产业开发表示非常满意;与此同时,仍有少数居民对所在村庄的民俗文化产业开发表示不满意,既说明部分居民对开发过程中的不当举措持反对态度,也说明在开发过程中有些村落仍存在诸多问题,需要进一步改进和完善。

图7-17 居民对所在村庄的民俗文化产业开发的满意程度

(五)居民对民俗文化旅游资源开发存在问题的看法

由图7-18可知,39.75%的居民认为民俗文化旅游资源开发的规模偏小、资源利用期短;32.9%的居民认为民俗旅游活动缺乏文化内涵;32.47%的居民认为民俗文化旅游资源开发各自为政、缺乏统一管理;18.72%的居民认为旅游地的民俗文化出现舞台化、商品化现象。由此可见,民俗文化旅游资源开发存在诸多问题,在开发过程中需要采取科学、合理、可持续的方案和举措。

(六)居民对民俗文化资源开发的保障措施的看法

由图7-19可知,大多数居民建议将民俗与旅游相结合,创新发展(集中开发,建立民俗旅游点;联合开发,开辟民俗旅游线;系列开发,建立民俗旅游区);43.78%的居民希望政府主导资源开发;25.25%的居民希望由第三方组织推进。

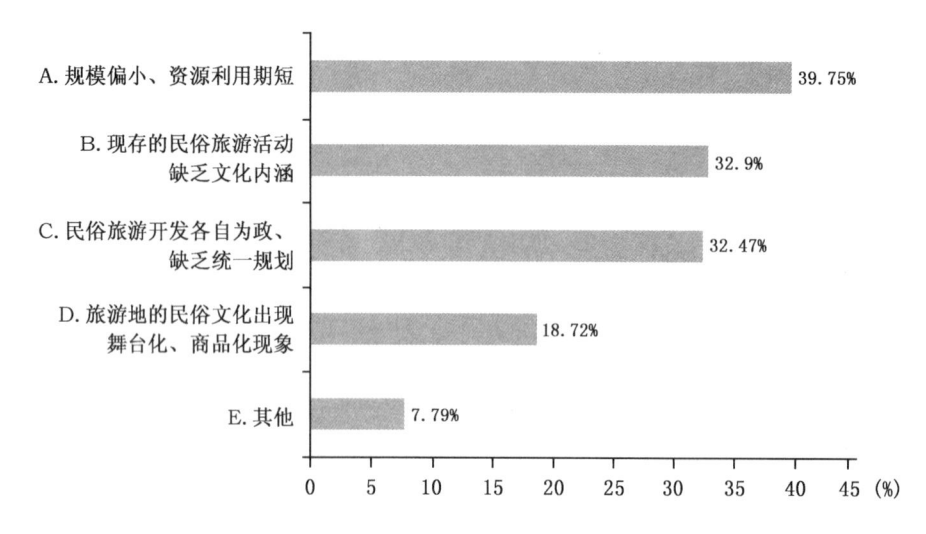

图 7-18 居民对民俗文化旅游资源开发存在问题的看法

- A. 规模偏小、资源利用期短 39.75%
- B. 现存的民俗旅游活动缺乏文化内涵 32.9%
- C. 民俗旅游开发各自为政、缺乏统一规划 32.47%
- D. 旅游地的民俗文化出现舞台化、商品化现象 18.72%
- E. 其他 7.79%

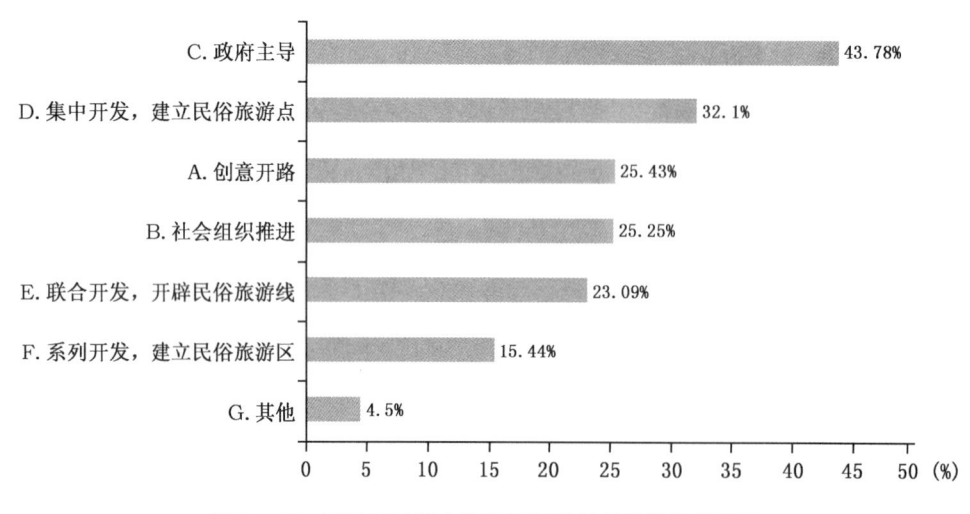

图 7-19 居民对民俗文化资源开发的保障措施的看法

- C. 政府主导 43.78%
- D. 集中开发，建立民俗旅游点 32.1%
- A. 创意开路 25.43%
- B. 社会组织推进 25.25%
- E. 联合开发，开辟民俗旅游线 23.09%
- F. 系列开发，建立民俗旅游区 15.44%
- G. 其他 4.5%

(七)居民对通过村庄民俗文化发展文化产业的意见或建议

由图 7-20 可知，居民对通过村庄民俗文化发展文化产业的意见或建议集中在加强民俗文化宣传、保护民俗文化以及传承民俗文化等方面。

图 7-20　居民对通过村庄民俗文化发展文化产业的意见或建议

第二节　浙中乡村民俗文化发展中存在的问题

一、民俗文化宣传不到位

浙中地区重视民俗文化的保护和挖掘，很多村落都保留了传统民俗、节日庆典、祠堂建筑、村史馆、文化礼堂等，通过节庆日举办庙会活动、节事活动等，宣传当地民俗文化。由于村中年老者居多，青壮年多外出务工，因此宣传手段、渠道、规模有限，从而造成民俗文化传播乏力，辐射影响力弱化。通过居民对当地民俗文化的了解程度可知，半数以上的居民通过口耳相传和长辈的言传身教了解当地民俗文化，导致民俗文化宣传活力不足、宣传途径单一、缺乏多样性。

二、民俗文化保护动力不足

一方面，民俗文化保护观念淡薄。随着经济社会的发展和文化多元化的影响，很多传统的民俗文化被日益边缘化，慢慢淡出人们的视野，甚至有些地方因为保护意识不足、观念欠缺、后继无人等问题，导致民俗文化濒临灭绝。就浙中地区而言，绝大多数居民对民俗文化有保护的意愿，但有些村落仍存在民俗文化保护意识欠缺、动力不足的情况，因此部分居民需要加强对民俗文化保护必要性的认知。另一方面，民俗文化保护体系不健全。它具体表现为民俗文化管理机构缺失、民俗文化管理政策缺乏、民俗文化保护立法不足等问题。

三、民俗文化传承体系不健全

一是民俗文化传承后继乏人。民俗文化在传承过程中,由于受到传承人认知水平、学历、家庭观念等影响,后继者出现传承断层,后继乏人的现象普遍存在。另外,青年对传统民俗文化的认知有限、兴趣不高,"快餐文化""流行文化""眼球文化""短视频文化"对青年的冲击,使得他们更热衷于用"短平快"的形式抒发情感、表达思想。

二是民俗文化传承缺乏系统培训。虽然绝大多数居民对传统民俗由来或典故有一定的了解,但对传统民俗的认知局限于日常生活,缺乏系统性的学习、培训。传承人自身知识水平有限、囿于传统观念影响、家族传承体系限制等,造成传承缺乏科学的传播方式、理论认知不足、系统性学习欠缺。

三是政府、企业、传承人、消费者之间的互动关系存在障碍和壁垒,信息不对称、利益分配不均衡的现象仍然存在,因此需要建构一种平等互惠、共促共进、绿色可持续、互利共赢的发展模式。

四、民俗文化产业开发有待发展

民俗文化既是地域文化的有机组成部分,也是地方社会生活的集中体现。如何处理民俗文化发展和民俗产业开发之间的关系,让民俗文化在产业发展中得到有效保护,同时借助民俗文化产业开发推动地域民俗文化保护和传播,进而带动地方旅游文化产业发展,实现两者的良性互动,是地方管理者亟待思考的重要课题。另外,在开发过程中,仍存在只重视经济效益、忽视文化效益,只重视眼前利益、忽视长远利益,只重视个人利益、忽视社会利益的现象,从而使民俗文化日益舞台化、商品化、雷同化、模式化,缺乏本真性、独特性、创新性。

五、民俗文化现状反思

第一,顶层设计有待加强。民俗文化是地域文化的一张金名片,是实现国家、地方与民众之间互动的重要桥梁。调查数据显示,政府在资金投入、政策倾斜、人才培养、立法保护方面还有待加强。

第二,居民对民俗文化的了解和认知存在差异。不同的年龄群体、学历群体、性别群体对民俗文化的认知存在一定的差异,具体表现为居民对民俗文化的了解、特色民俗的认知、传承形式的偏好存在个体差异和群体差异。由于年轻人较年长者更容易接受新鲜事物,因此也更容易通过新媒体了解民俗文化;而年长者因为阅历丰富,所以在传统民俗记忆和民俗文化故事的传承中更有优势。不同学历群体对民俗文化的认知和解读层次不同;不同性别群体由于社会分工不同,其兴趣关注点不同,在民俗文化的传承中也存在明显的差异。

第三,民俗文化活动参与率低。据调查可知,浙中地区大多数居民很少参加所在村庄的民俗文化活动,只有少部分居民偶尔、一年参加一次所在村庄的民俗文化活动,说明村民对民俗文化活动的热衷性不强。一方面是因为地方民俗文化活动举办频次低,活动内容不够丰富,活动形式比较单一;另一方面是因为民众集体意识缺乏,参与活动的主动性、积极性较差。

第三节 推动浙中乡村民俗文化发展的对策建议

一、多渠道、全方位宣传民俗文化,推动民俗文化内涵式发展

宣传是民俗文化推广和传承的重要支撑,也是地方民俗文化产业扩大和发展的重要途径。因此,地方政府、村民、社会力量需要多渠道、全方位大力宣传民俗文化,让民俗文化潜移默化地融入居民的日常生活,成为民众生活中不可或缺的重要精神食粮。

首先,从政府支持层面入手,制定民俗文化宣传计划。旅游局、文化局等相关部门协同联动,加强合作和沟通,进一步加强民俗文化的宣传工作,促进当地的民俗文化产业与旅游产业的深度融合。

其次,拓宽宣传渠道。线下渠道、线上渠道协同发力,扩大宣传力度。第一,村民自发组成民俗文化宣传小分队,宣传当地民俗文化。第二,大学生志愿服务团队通过校地合作组建民俗文化传播小分队,加大民俗文化的动态宣传和媒体曝光率。第三,当地政府、村民、志愿者等通过网站、报刊、自媒体等渠道,讲述民俗文化故事、传播民俗文化正能量。第四,地方政府组织编写民俗文化普及性宣传手册,留住民俗文化的根和魂,保留民俗文化的根脉。

最后,建立民俗文化公共空间。借助地方祠堂建筑、村史馆、文化礼堂等,建立民俗文化宣传的公共空间,通过民俗文化资料搜集展览、定期举办丰富多样的民俗文化活动等,活跃地方民俗文化,丰富民俗文化内涵。

二、激发民俗文化保护动力,实现民俗文化可持续发展

针对民俗文化保护观念淡薄的现状,加强民俗文化保护宣传,提高村民对民俗文化

保护的认知,让村民认识到民俗文化保护是功在当代、利在千秋的伟业,需要全体村民自觉提高保护意识,与一切破坏民俗文化的观念和行为做斗争。同时,正确处理民俗文化保护和民俗文化开发之间的关系,对即将消失、失传的民俗文化资源进行抢救性保护,并在保护基础上合理开发,推动地方经济社会发展。

针对民俗文化保护体系不健全的问题,着手建立民俗文化管理机构,制定长期、中期、短期民俗文化管理战略、计划和项目;加强民俗文化相关立法,比如完善知识产权法在全面保护少数民族民俗文化方面的不足之处;因地制宜、规范严谨地制定地方法规和条例,等等。

三、健全民俗文化传承体系,推动民俗文化活态发展

任何事物都不是一成不变的,民俗亦然。随着社会经济文化的发展,传统民俗面临着继承中的蜕变,如何使民俗文化在创新中发展,具体应该在从以下几个方面发力:

第一,加强人才队伍建设,培养民俗文化传承人、管理人、传播人、保护人。魏征《谏太宗十思疏》言:"求木之长者,必固其根本;欲流之远者,必浚其泉源。"针对地区内种类繁多的民俗文化资源,培养一支热爱民俗文化的高水平队伍,通过定期培训、走访、调研等,尽可能挖掘民俗深层次的文化内涵。

第二,通过激励机制,鼓励民俗文化传承。通过政策、资金等激励机制,鼓励民俗文化传承者、爱好者、传播者积极投身民俗文化事业。

第三,打破政府、企业、传承人、消费者之间的障碍和壁垒,实现彼此的良性互动和互利共赢。通过政府政策支持、企业合理开发、建立传承人培育机制、消费者理性消费,从而实现民俗文化产业的动态循环。

四、合理开发民俗文化资源,创新民俗文化产业发展

习近平总书记在党的十九大报告中指出:"加强文物保护利用和文化遗产保护传承。健全现代文化产业体系和市场体系,创新生产经营机制,完善文化经济政策,培育新型文化业态。"浙中地区应该注重民俗文化的底蕴和内涵挖掘,注意旅游开发与民俗文化的合理结合及规划。

一方面,合理开发民俗文化资源。"民俗文化是一种活着的历史,是一种历史化了的生活或生活化了的历史,是一种活着的文化'化石'。"[①]民俗文化的开发,应坚持"保护为

---

① 陈华文,听专家讲婺文化的底蕴与传承——金华非物质文化遗产申报工作的得失[OL]. 中国民俗学网,https://www.chinesefolklore.org.cn/web/index.php? NewsID=2914.

主、抢救第一、合理利用、传承发展"的原则,在不破坏民俗文化资源的前提下,正确处理民俗文化保护与开发利用之间的关系。如通过政府主导、第三方介入,将民俗与旅游相结合,创新发展(集中开发、建立民俗旅游点,联合开发、开辟民俗旅游线路,系列开发、建立民俗旅游区)。

另一方面,创新推动民俗文化产业发展。在生态经济前提下,民俗文化产业应找准定位、明确目标市场;创新合理推动民俗文化产业发展,保留民俗文化本真,使民俗文化开发符合自然发展规律和社会运行规律;在充分尊重自然、保护环境的前提下,充分挖掘地域民俗文化资源,建立民俗文化新业态,让民俗文化源远流长、让中国传统文化大放异彩。同时,地方政府应处理好民俗文化资源开发与旅游文化产业发展之间的关系,让旅游带动地方经济发展,让民俗文化涵养地方历史底蕴。

五、反思民俗文化现状,补齐民俗文化发展短板

首先,加强顶层设计。加强政府的顶层设计,需要发挥政府的主导力量,提供政策支持,加大资金投入,加大民俗文化的宣传,发扬优秀传统民俗,展现金华民俗文化的魅力。

其次,针对不同群体的特点,因人而异、扬长避短。针对年轻群体热衷于"短平快"的形式抒发情感的特点,正确引导、取其所长,发挥年轻群体敢于突破、勇于创新的特点和优势。针对年长群体阅历丰富、熟知地方文化、威望较高的特点,组织乡村振兴大讲堂、民俗文化记忆小分队,通过口述记录、走访调研等方式,及时记录那些即将失传、消失的文化印记。

再次,提高民俗文化活动参与率。村内干部率先垂范,发挥带头作用,积极参与民俗文化活动。另外,民俗文化活动开展也需要增加创新性、趣味性,从而吸引更多的村民参与其中。

最后,提高村民参与感、认同感、幸福感。在民俗文化发展的过程中,坚持民主集中制,地方政府可以通过发放问卷或者召开村民代表大会,及时了解当地村民的真实想法,和村民一同探讨,共同谋划本村民俗文化未来的发展图景。

第八章

文化素养与生态经济

改革开放以来,中国取得喜人的经济发展成就,但与此同时也客观存在着某种程度的重经济利益、眼前利益,轻生态效益、根本利益的现象。纵观中国共产党的百年发展历史,不难发现其不仅在革命时期,而且在社会主义现代化建设时期都具有极强的自我调整能力。2003年科学发展观的提出,2005年"两山理论"的问世,便充分说明党中央高度关注生态问题的态度和大力发展生态经济[①]的决心。步入中国特色社会主义新时代,如何进一步凝心聚力、增强实效,成为新时期生态经济发展的重要课题。

毫无疑问,中国想要追求全面协调可持续的高质量经济发展,离不开一代又一代人的接力奋进。我们以为,文化素养的高低与生态经济发展存在千丝万缕的联系,因此课题组决定在2020年以"生态经济发展"为核心内容的浙中调查项目中对此做进一步的了解。

第一节 文化素养与生态经济关系的调研情况

文化是一种社会现象,是人们在历史长河中创造积淀的产物。广义而言,文化是人类创造的物质和精神财富的总和,包括物质文化、制度文化和心理文化三个方面。狭义地看,文化是指人们普遍的社会习惯,如衣食住行、风俗习惯、生活方式、行为规范等。素养则一般指经过后天训练和实践而获得的一种道德修养,具体包括爱岗敬业、诚实守信、

---

① 生态经济是指在生态系统承载能力范围内,运用生态经济学原理和系统工程方法改变生产和消费方式,挖掘一切可以利用的资源潜力,发展一些经济发达、生态高效的产业,建设体制合理、社会和谐的文化以及生态健康、景观适宜的环境。生态经济是实现经济腾飞与环境保护、物质文明与精神文明、自然生态与人类生态的高度统一和可持续发展的经济。上述定义引自百度百科,详见:https://baike.baidu.com/item/%E7%94%9F%E6%80%81%E7%BB%8F%E6%B5%8E/931218?fr=aladdin。

办事公道、服务群众、奉献社会等。由此可见,文化素养不只是学校教授的专业知识、科技认知,更多的是指人们所接受的人文社科类的知识,包括哲学、历史、文学、社会学等。通过语言或文字表达体现、通过举手投足,这些知识往往能反映一个人的综合素质。简而言之,有理论知识、文凭的人不一定有文化、思想,乃至高尚的道德修养、思想品质。反之,没有知识的人不一定没有文化、思想,乃至高尚的道德修养。

一、居民对学历和家庭收入的相关程度分析

由图 8-1 可知,44.2%的居民认为学历和家庭收入有较大关系,33.32%的居民认为学历和家庭收入极其相关,14.83%的居民认为学历和家庭收入略有关系,而仅有 7.65%的居民认为学历和家庭收入关系不大。由此可见,大部分居民认为学历和家庭收入的相关程度较高,仅有小部分居民认为两者的相关程度较低。"书中自有黄金屋",传统观念认为接受系统教育有助于社会价值的体现和经济财富的积累。

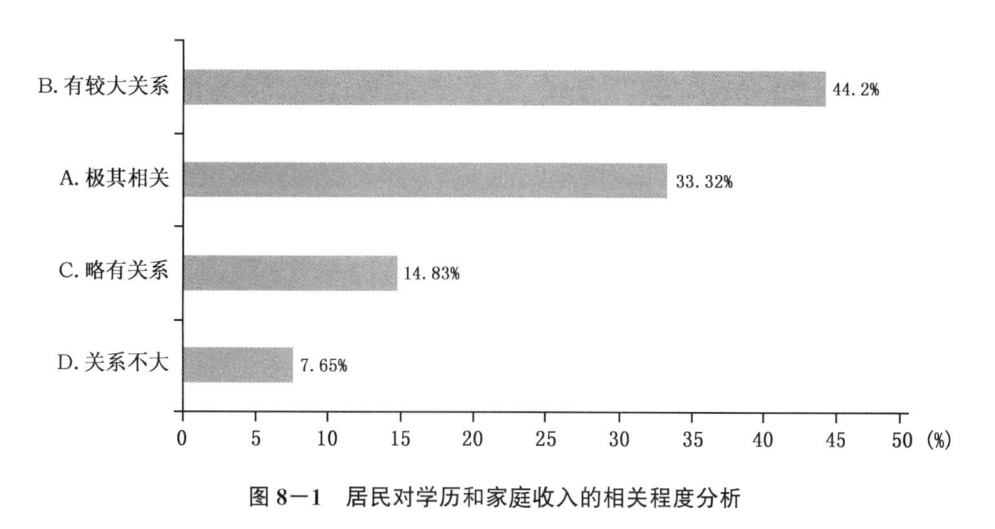

图 8-1　居民对学历和家庭收入的相关程度分析

二、居民对自身空余时间的安排情况

如图 8-2 所示,49.23%的居民对自身空余时间的安排是居家休息,19.52%的居民选择走亲访友,16.99%的居民选择读书看报,而有 14.27%的居民选择玩手机、电脑等。由此得见,居民对自身空余时间的安排选择较为单一,倾向于自身娱乐,选择大多为较为轻松的活动。

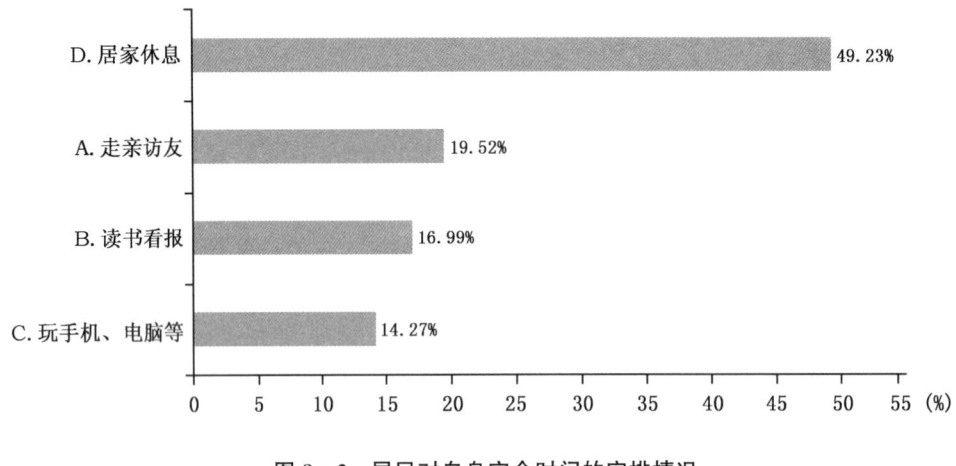

图 8—2 居民对自身空余时间的安排情况

三、居民对自身所在乡镇生态环境的评价

如图 8—3 所示，45.47%的居民对自身所在乡镇生态环境的评价为较好，32.66%的居民对自身所在乡镇环境的评价为很好，19.9%的居民对自身所在乡镇生态环境的评价为一般，而仅有 1.97%的居民对自身所在乡镇生态环境评价为较差。从总体上看，大部分居民对自身所在乡镇生态环境较为满意，评价较高。

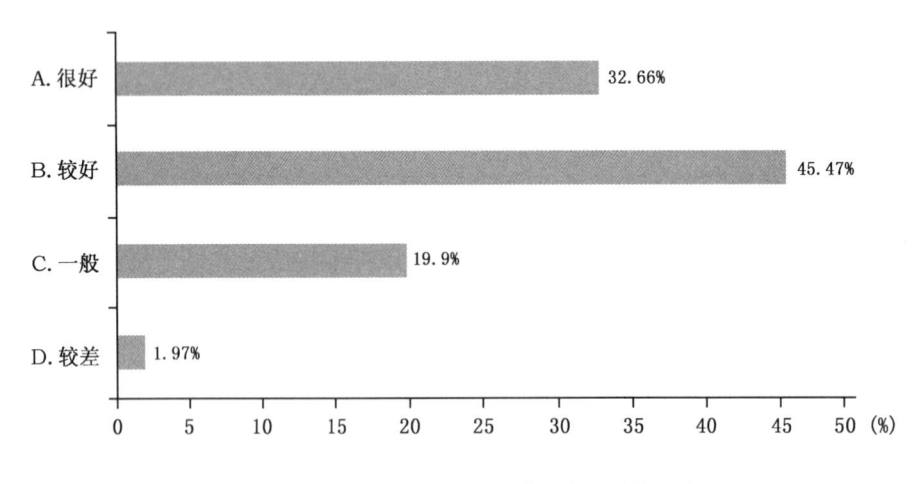

图 8—3 居民对自身所在乡镇生态环境的评价

四、居民对自身所在乡镇近几年的生态环境变化趋势的评价

如图 8—4 所示，48.1%的居民认为所在乡镇近几年的生态环境越来越好，42%的居民认为近几年生态环境保持较好，8.21%的居民认为所在乡镇近几年的生态环境略有下

降,仅有1.69%的居民认为所在乡镇近几年的生态环境越来越差。总体而言,大部分居民认为自身所在乡镇近几年的生态环境保持良好,而且前景可期。

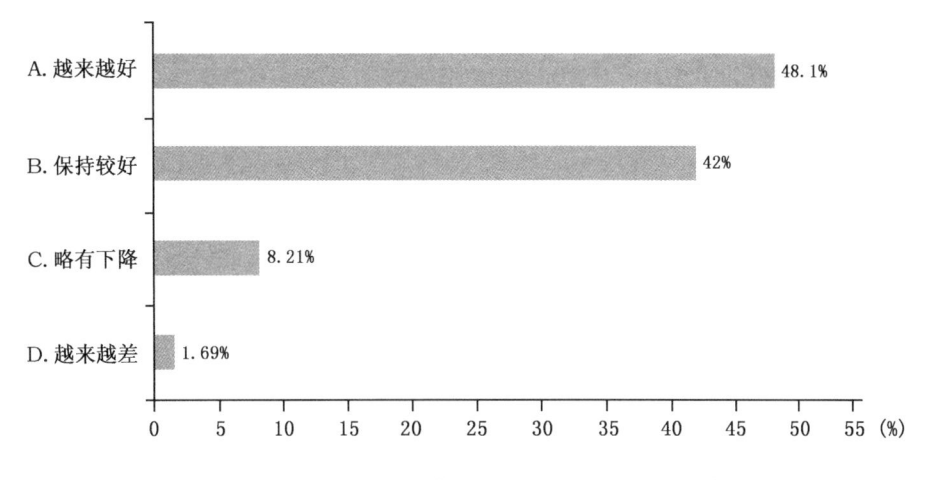

图8-4 居民对自身所在乡镇近几年的生态环境变化趋势的评价

五、居民认为生态环境变好或变差的影响因素

由图8-5所知,33.74%的居民认为政府治理能力是生态环境变好或变差的重要影响因素,32.94%的居民认为生态环境变好或变差的影响因素是公民素质及环保意识,22.1%的居民认为生态环境变好或变差的影响因素是生产性污染变化,而11.22%的居民认为生态环境变好或变差的影响因素是自然变化。由此可见,大部分居民认为加强政府治理能力以及提高公民素质、居民环保意识有助于生态环境变好。

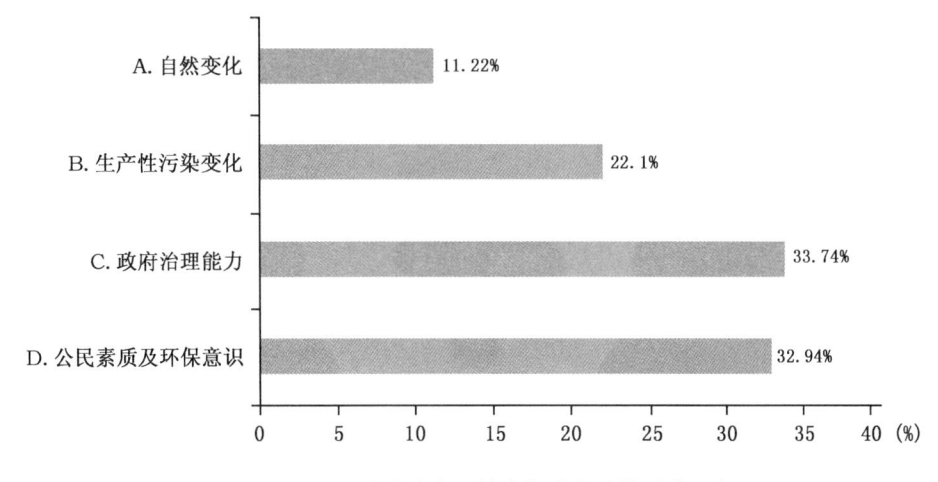

图8-5 居民认为生态环境变好或变差的影响因素

六、居民对生态环境重要程度的评价

"绿水青山就是金山银山。"如图 8-6 所示,57.95% 的居民认为生态环境极其重要,37.78% 的居民认为生态环境比较重要,仅有 3.61%、0.66% 的居民认为生态环境不太重要甚至不重要。可见,大部分居民认为生态环境极其重要或比较重要,一定层面上反映了浙中地区生态环境保护及生态问题重要性普及工作卓有成效,多数居民具有较强的生态环境意识。

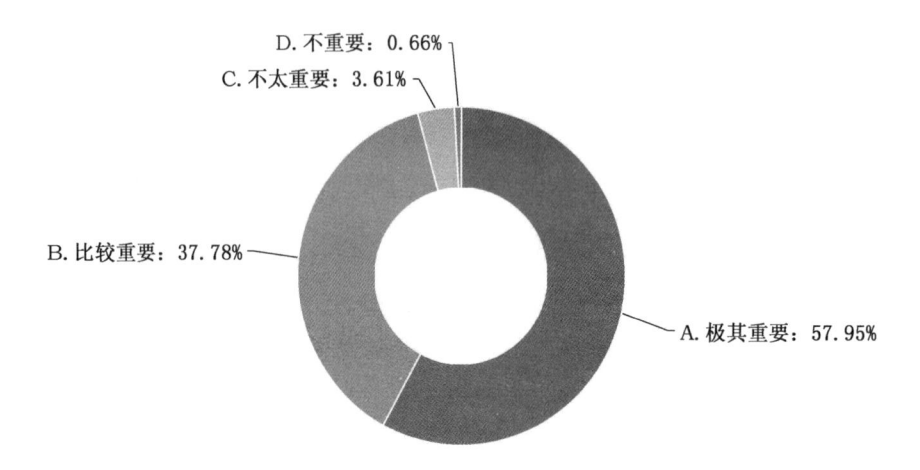

图 8-6 居民对生态环境重要程度的评价

七、居民认为使生态环境越来越好的措施

由图 8-7 可知,43.83% 的居民认为发展绿色经济会使生态环境越来越好,32.9%

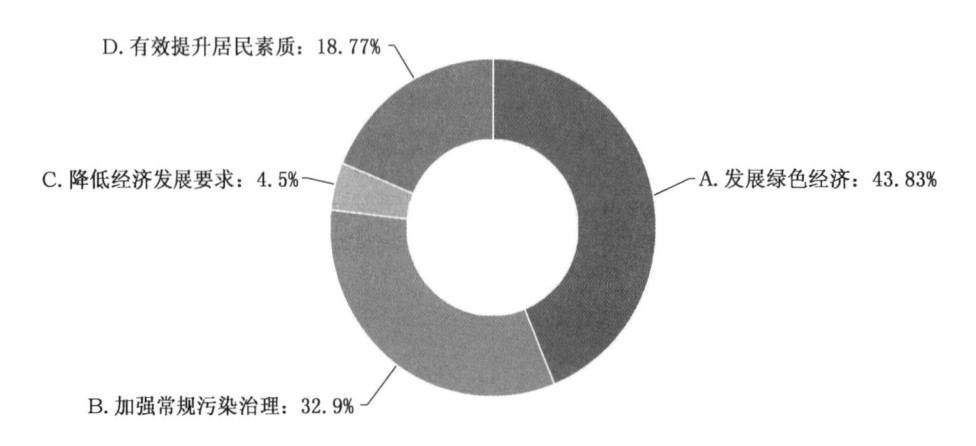

图 8-7 居民认为使生态环境越来越好的措施

的居民认为加强常规污染治理能够使生态环境越来越好,18.77%的居民认为有效提升居民素质也有助于生态环境改善,而仅有4.5%的居民认为降低经济发展要求会使生态环境越来越好。

八、居民对生态环境的了解程度

由图8-8可知,55.7%的居民对生态环境略有了解,26.37%的居民对生态环境不太了解,10.89%的居民对生态环境非常了解,7.04%的居民对生态环境一点都不了解。这说明居民对生态环境的了解程度不同,对生态环境保护知识的普及仍需进一步加强。

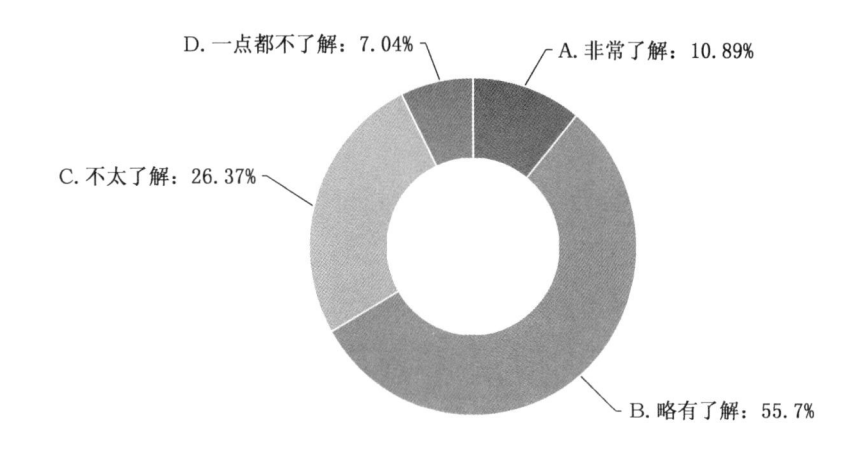

图8-8 居民对生态环境的了解程度

九、居民关于农村发展生态经济的观点

由图8-9可知,51.95%的居民认为农村比较需要发展生态经济,37.35%的居民认

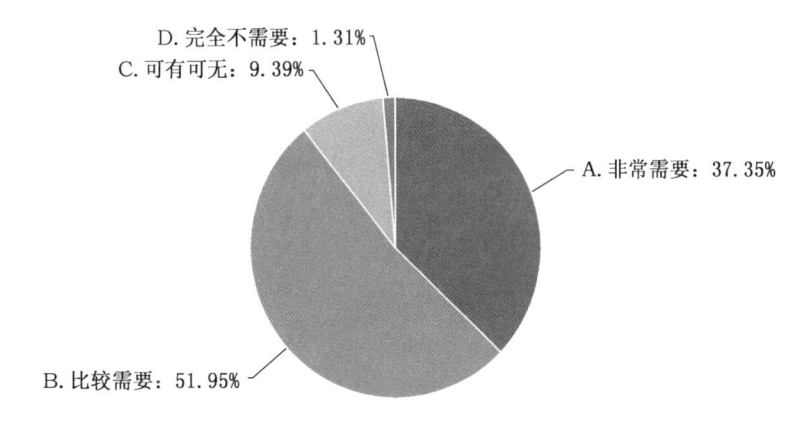

图8-9 居民关于农村发展生态经济的观点

为农村非常需要发展生态经济,而仅有 9.39% 和 1.31% 的居民认为农村发展生态经济是可有可无,或是完全不需要发展生态经济。由此可见,大部分居民对农村发展生态经济持较为乐观的态度,支持农村发展生态经济。

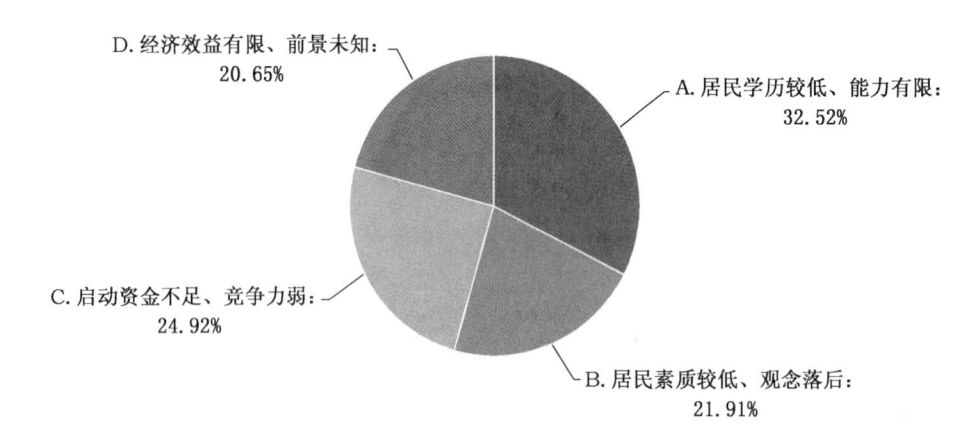

十、居民认为农村发展生态经济不足的影响因素

由图 8-10 可知,32.52% 的居民认为农村发展生态经济最大的不足是居民学历较低、能力有限;24.92% 的居民认为农村发展生态经济最大的不足是启动资金不足、竞争力弱;21.91% 的居民认为农村发展生态经济最大的不足是居民素质较低、观念落后;20.65% 的居民认为农村发展生态经济最大的不足是经济效益有限、前景未知。由此可见,农村发展生态经济需要解决以上问题。

图 8-10 居民认为农村发展生态经济不足的影响因素

十一、居民关于生态经济发展趋势的态度

由图 8-11 可知,63.26% 的居民比较看好生态经济的发展趋势,25.06% 的居民非常看好生态经济的发展趋势,而仅有 11.03% 和 0.66% 的居民不太看好或是极不看好生态经济发展的趋势。由此可见,大部分居民对于生态经济的发展趋势是持较为乐观的态度。

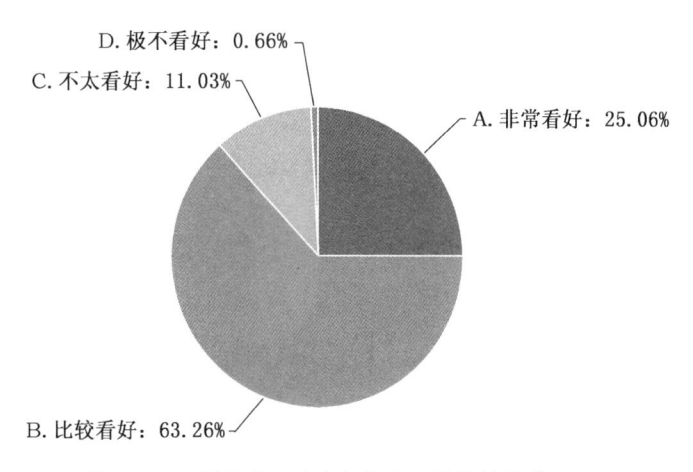

图 8-11 居民关于生态经济发展趋势的态度

十二、居民认为影响生态经济发展前景的因素

由图 8-12 可知,42.89%的居民认为生态经济的发展前景在于利于保护环境,36.37%的居民认为生态经济的发展前景在于可持续发展,18.21%的居民认为生态经济的发展前景在于其经济效益巨大,仅有 2.53%的居民认为影响生态经济的发展前景是其他因素。

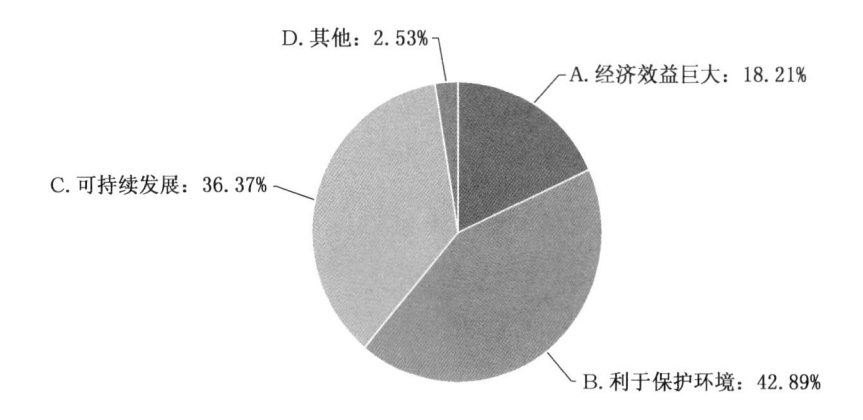

图 8-12 居民认为影响生态经济发展前景的因素

十三、居民对乡镇减少新农村建设经费支出来发展生态经济的态度

由图 8-13 可知,对乡镇未来几年酌情减少新农村建设经费支出来大力发展生态经济的举措,54.67%的居民是比较乐意的,26.04%的居民是非常乐意的,而 18.16%和

1.13%的居民对这项举措不太支持,甚至极不支持。

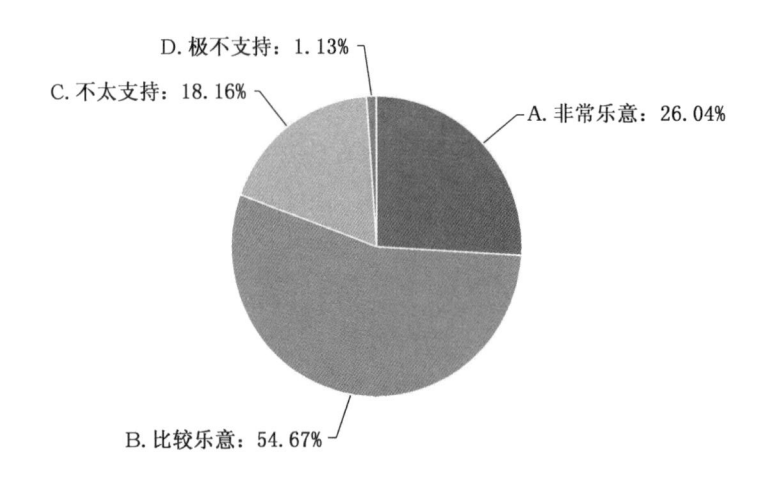

图8-13 居民对乡镇减少新农村建设经费支出来发展生态经济的态度

十四、居民对发展生态经济相关举措的认识

由图8-14可知,64.81%的居民认为发展生态经济是与民众生活息息相关的;13.7%的居民认为发展生态经济是政府行为,喊喊口号罢了;18.3%的居民认为发展生态经济动静不小,需要静观效果;仅有3.19%的居民认为发展生态经济声势浩大,成果显著。

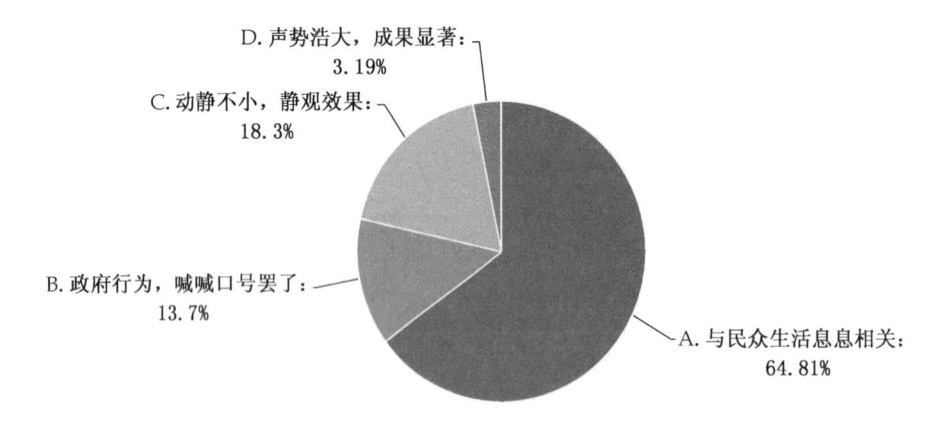

图8-14 居民对发展生态经济相关举措的认识

十五、居民认为更好地发展生态经济的措施

由图8-15可知,37.87%的居民认为提升居民文化素质有助于更好地发展生态经

济,30.03%的居民认为政府加大对发展生态经济的支持力度有助于更好地发展生态经济,22.2%的居民认为大力宣传普及生态经济能够更好地发展生态经济,而仅有9.9%的居民认为形成良好的商业氛围有利于更好地发展生态经济。

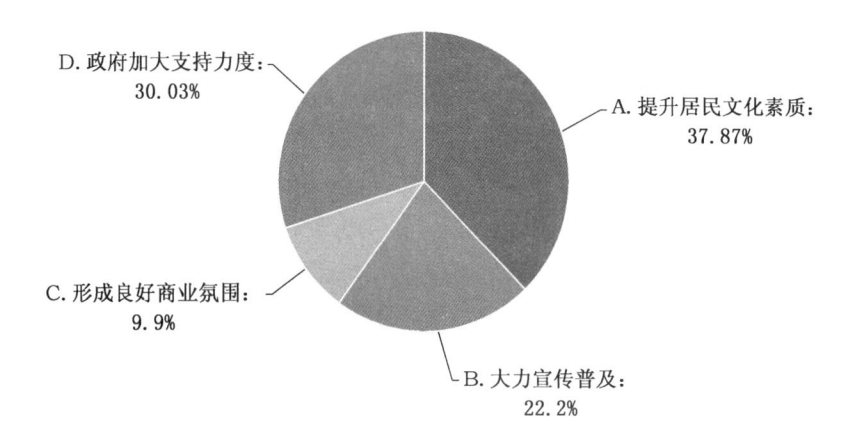

图8-15 居民认为更好地发展生态经济的措施

第二节 文化素养提升与生态经济发展的对策建议

党的十九大以来,习近平总书记对教育兴国、提升人民素质问题多次做出重要批示,科教兴国的战略思想始终贯穿习近平新发展理念,融于习近平新时代中国特色社会主义思想。居民受教育程度的提高、民众文化素养的提升,有助于新时代中国经济的高质量发展,有助于推进社会主义现代化建设。着眼浙中地区农村发展的实际情况,居民文化素养的提升与今后乡村振兴愿景的实现息息相关。文化素养提升与生态经济发展的对策建议如下:

一、建立以政府为主导,多元化参与的农民教育培训体系

相较而言,农民的文化素养偏低且对进一步提升的诉求偏低,农村地理位置相对分散。这需要政府牵头,建立多元化、易参与,理论结合实践的农民教育培训体系,通过不定期举办免费或低费用的灵活性文化教育培训活动,吸引民众积极参与,有效提升农民的文化素养。

二、大力加强农村图书网络建设,搭建农村文化知识传播平台

考虑到农民工作时间不定,难以大面积、长期性集中进行教育培训的实际情况,我们

认为有必要大力加强农村图书网络建设,借此满足农民利用业余时间提升文化素养的诉求。建设上规模的图书网络,需要政府有关部门解决部分经费,为相关场地配备必要的工作人员进行维护管理。

三、采取多样化的方式,实现生态经济发展骨干与农民的对接

对农民而言,尽管对生态经济的发展模式、实际成效偶有耳闻,但因为自身理论知识基础薄弱、实践经验缺乏,所以客观上造成他们对投身生态经济发展的热情相对不高。有鉴于此,农村可以采取多样化的形式,积极推动多个领域生态经济发展骨干与农民的直接接触,通过全面分享其创业历程,尤其是成功经验及失败教训,帮助农民更加直观地了解生态经济的发展前景与成功之道。

四、加大教育、文化、科技与生态经济发展的宣传力度

如前所述,全面培训、建设图书网络、推动生态经济发展骨干与农民的对接等形式,帮助浙中地区农民提升文化素养,使其进一步产生积极投身生态经济发展的热情。与此同时,农民阶段性涉足生态经济行业,因其经营理念、经营方式、抵御风险能力和信心等问题,难免中途产生胆怯乃至退缩心理。因此,要加大教育、文化、科技与生态经济发展的宣传力度,进行相关知识、实践经验的全面、高频次宣传,也可在此基础上开通服务热线,便于民众了解生态经济发展的相关利好政策、宝贵经验。

第九章

浙中地区乡村居民财富观教育

财富观念作为一种意识形态,对人们的经济活动有重要影响。从古代到现代,财富观经历了从有形到无形的演变,而无形财富观对人们的影响越来越大。在新农村建设中,我们要以无形财富等新的财富观念作为指导,促进农村经济和谐发展。居民财富观的教育对乡村的生态经济发展具有一定的促进作用。要使生态自然财富与文化财富纳入现代财富生产系统,必须从单一的价值化财富经济体系向价值化与实物化双元财富经济体系转型,形成国民福利最大化需要价值化与实物化的双元财富观。

第一节 浙中地区乡村居民财富观教育情况

浙中地区乡村居民财富观调研主要涵盖居民财富现状,居民对财富的看法及认识,以及居民财富素养表现等内容。本节根据2020年浙中调查收集的问卷,分析浙中乡村居民财富观教育现状,并提出对策与建议。

一、浙中地区乡村居民财富现状

(一)居民对自身家庭条件的评价

从本次调研的情况看,超半数居民评价自身家庭条件达到小康及以上。由图9—1可知,其中,小康家庭占比55.65%,富裕家庭占比5.54%,非常富裕家庭占比1.88%。这说明大部分居民的物质和文化生活的基础需求得到满足,但仍有34.44%的居民认为自身家庭条件只达到温饱水平,2.49%的村民评价其家庭条件还处于贫困水平。

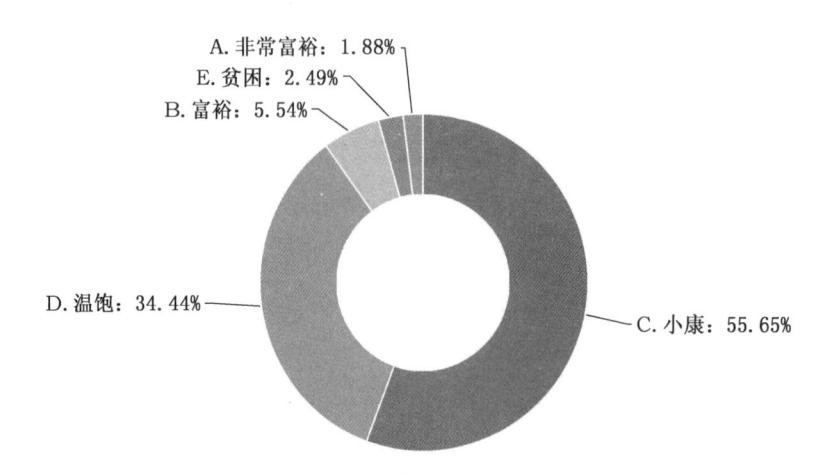

A. 非常富裕：1.88%
E. 贫困：2.49%
B. 富裕：5.54%
D. 温饱：34.44%
C. 小康：55.65%

图 9—1　居民对自身家庭条件的评价

(二)居民生活费的主要来源与支出的主要消费类型

调查显示,绝大部分居民的主要生活收入来源为个人劳动报酬,由图 9—2 可知,其他来源占比较少,但来源丰富。其中,"被动收入"是指不需要花费太多时间和精力就可以获得的收入,它是获得财务自由和提前退休的前提。"被动收入"的来源分为以下四种:存款与理财收益、房屋租金、知识产权收入、股权投资。由图 9—3 可知,居民收入主要用于饮食消费,文化娱乐消费仅占 15.95%,其他类型消费占比 14.59%,美容服饰类消费占比 12.15%,奢侈品消费占比 4.46%,由此可见居民消费类型多样,娱乐消费需求较大。

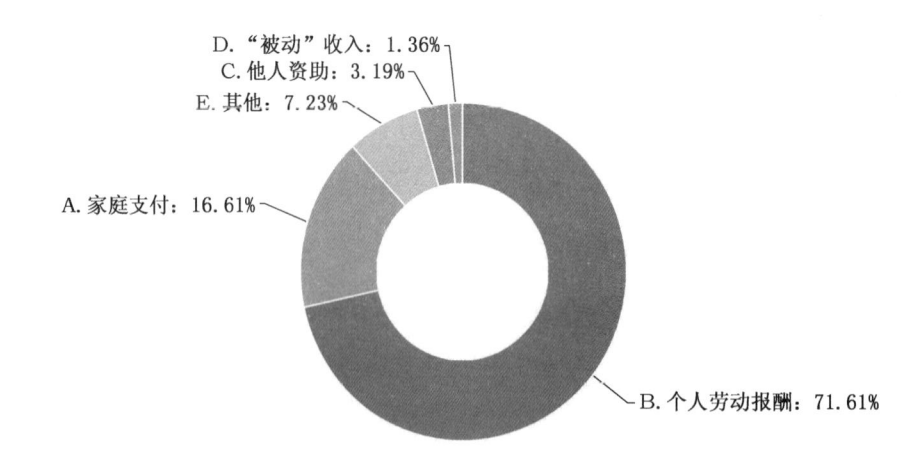

D. "被动"收入：1.36%
C. 他人资助：3.19%
E. 其他：7.23%
A. 家庭支付：16.61%
B. 个人劳动报酬：71.61%

图 9—2　居民生活费的主要来源

```
C.饮食消费                 81.32%
D.文化娱乐消费     15.95%
E.其他            14.59%
B.美容服饰类消费  12.15%
A.奢侈品消费  4.46%
```

图 9-3　居民支出的主要消费类型

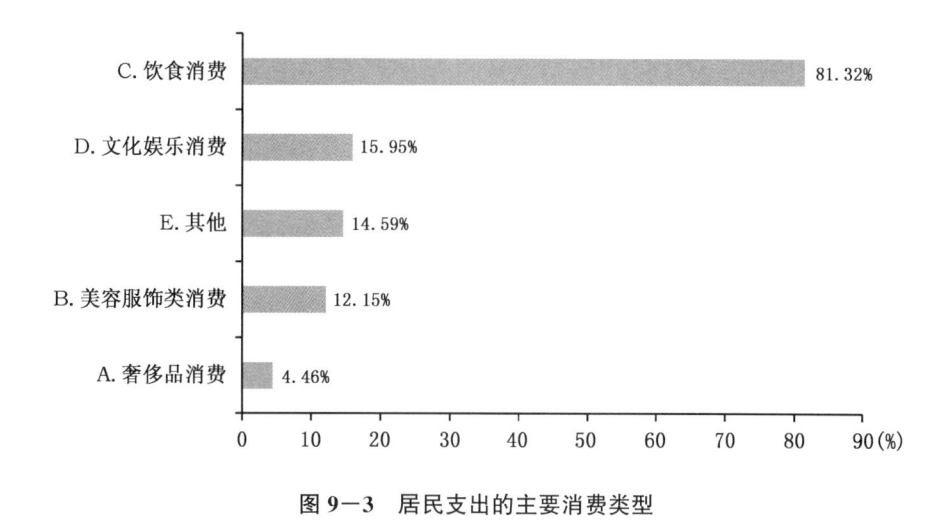

二、浙中地区乡村居民对财富的看法及认识

关于居民对财富的看法及认识的调查内容包括居民对财富本身的认知，财富量的多少，财富和人生的关系，定义有钱人的标准及居民认为有钱人应具备的品质等几个方面。

（一）居民对财富越多越好的看法

如图 9-4 所示，对财富越多越好持支持态度的居民占 48.01%，表明居民对财富的增加有较大的欲望。32.8% 的居民认为财富越多不一定越好，16.28% 的居民认为财富不是越多越好，而 2.19% 的居民对财产拥有的概念还不明确。整体数据说明居民对于财产拥有的态度不一。

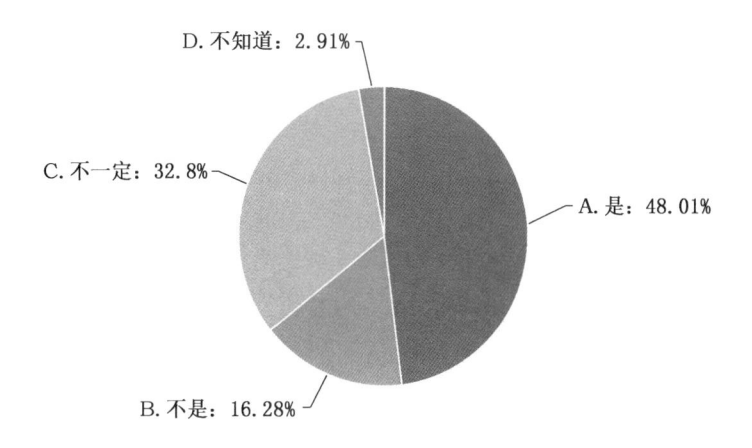

```
D.不知道: 2.91%
C.不一定: 32.8%
A.是: 48.01%
B.不是: 16.28%
```

图 9-4　居民对财富越多越好的看法

(二)居民对金钱的看法

由图9-5可知,认为金钱积少成多的居民占绝大多数,6.99%的居民认为千金散尽还复来,6.19%的居民认为富贵险中求,2.96%的居民视金钱如粪土。这表明大部分居民对金钱持积极心态,而小部分居民的金钱观念淡薄。

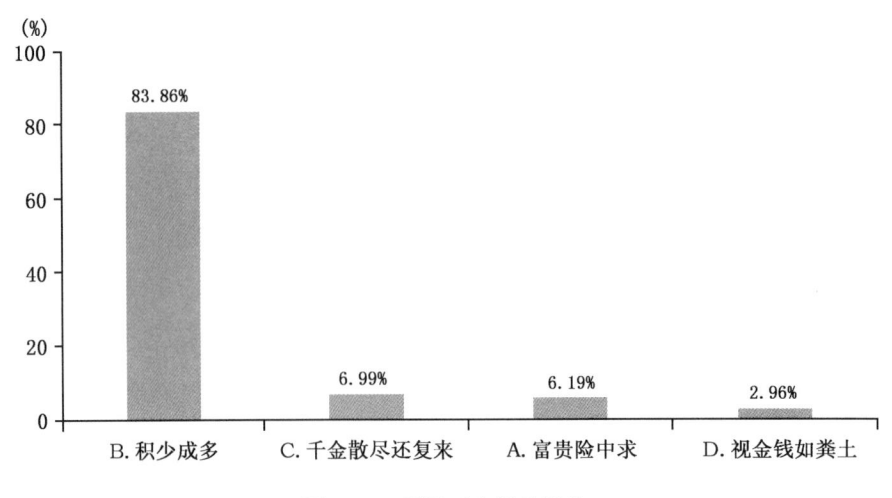

图9-5 居民对金钱的看法

(三)居民对财富和人生关系的看法

由图9-6可知,超半数居民看待财富和人生关系的态度是三餐温饱即可,25.34%的居民将财富看作一生追求,而13.61%的居民将财富视为身外之物,6.38%的居民认为财富在人生中不重要。由此可知,大部分居民对财富在人生中的需求较为基础。

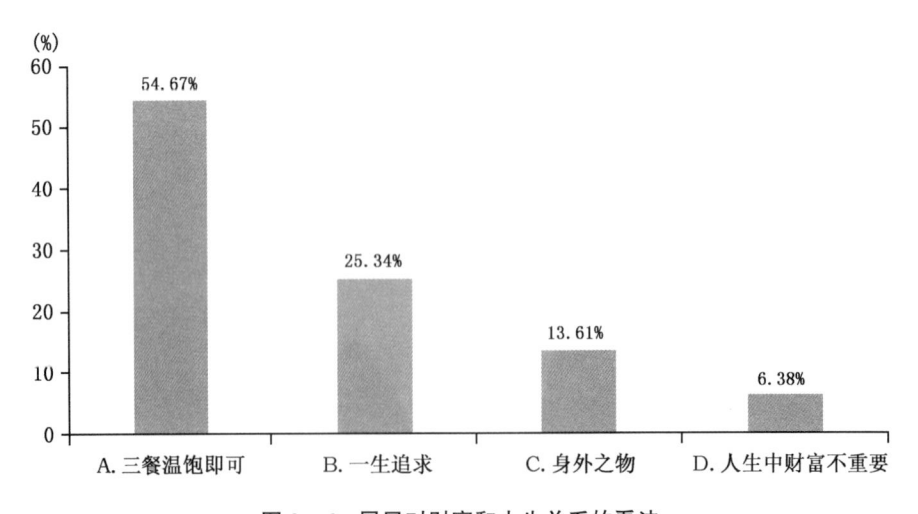

图9-6 居民对财富和人生关系的看法

(四)居民对有钱人定义的标准

由图9-7可知,30.78%的居民认为拥有100万元以上的人是有钱人,23.6%的居民认为有钱人需要拥有1 000万元以上资产,12.15%的居民认为拥有一亿元以上为有钱人,但33.46%的居民不清楚有钱人的定义,这说明居民对有钱人的定义标准各有不同。

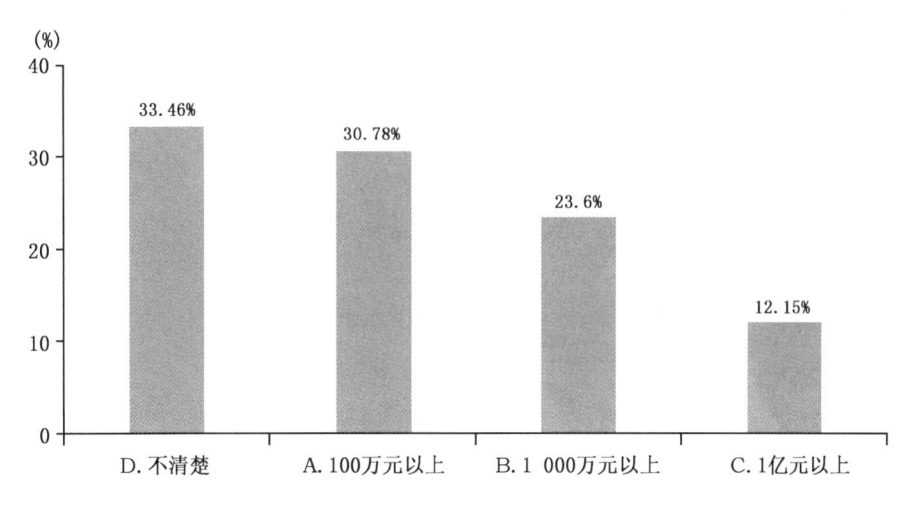

图9-7 居民对有钱人定义的标准

(五)居民认为有钱人应具备的品质

由图9-8可知,绝大部分居民认为有钱人需要具备勤奋、聪明、慷慨的品质。

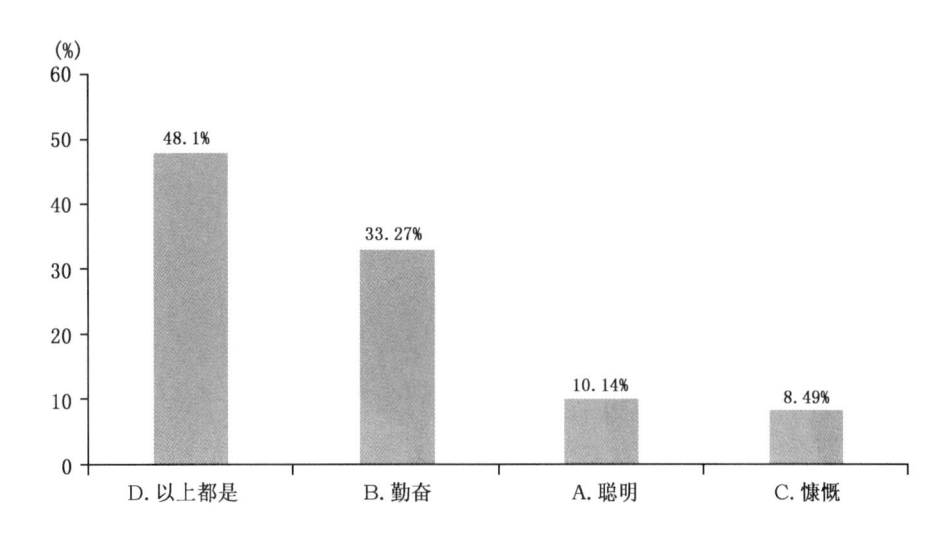

图9-8 居民认为有钱人应具备的品质

三、浙中地区乡村居民的财富素养表现

本次调查从以下几方面关注居民的财富素养。

(一)居民对比尔·盖茨捐献大笔财富的看法

由图9—9可知,57.06%的居民认为比尔·盖茨捐献大笔财富有一定积极影响,36.46%的居民认为这一行为值得学习,但有小部分人认为此行为是炫耀和愚蠢的,这说明大部分居民对其他人捐献自身财富的行为持赞同态度。

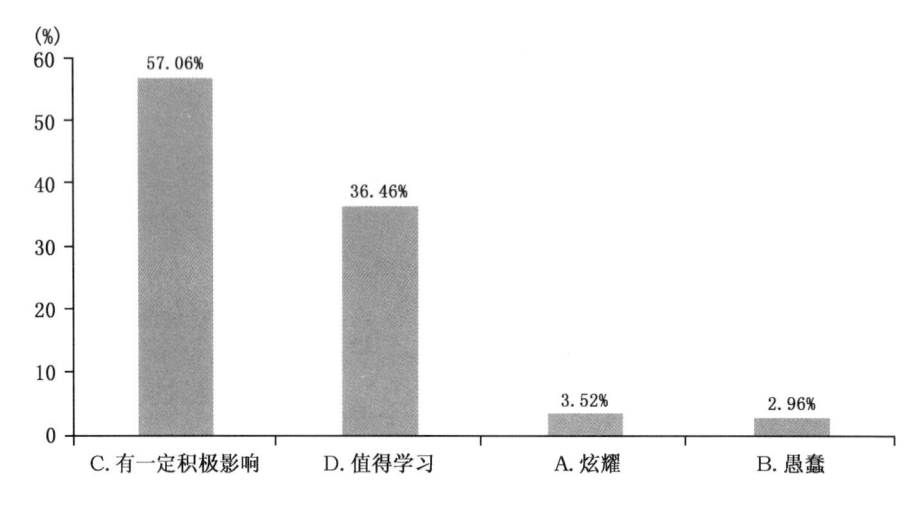

图9—9 居民对比尔·盖茨捐献大笔财富的看法

(二)居民对他人了解自身拥有的优越经济状况的态度

由图9—10可知,大部分居民对别人看待自己是否有钱并不在意,27.59%的居民一

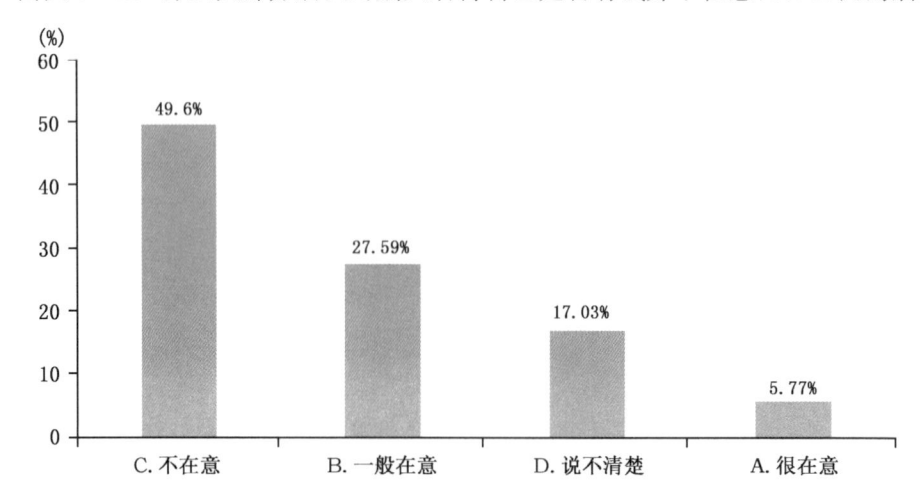

图9—10 居民对他人了解自身拥有的优越经济状况的态度

般在意,17.03%的居民对别人的看法说不清楚,而 5.77%的居民对别人是否知道自己有钱非常在意,这说明居民对别人认为自己是否有钱的看法的态度各有不同。

(三)居民对突如其来的一笔金钱的对待方式

由图 9—11 可知,超半数居民对于突如其来的一笔金钱的态度是应得就要、不应得不要,淡定地看待的居民占 22.38%,欢天喜地地看待的居民占 17.36%,悄悄收起来的居民占 7.27%,可见大部分居民对于突如其来的金钱保持理性,且有正确的认识。

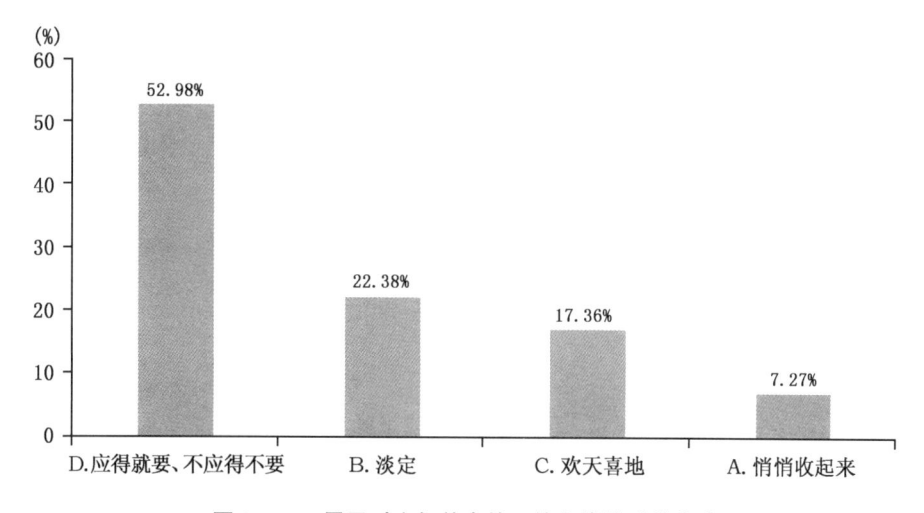

图 9—11 居民对突如其来的一笔金钱的对待方式

(四)居民对追求金钱人数增加的看法

由图 9—12 可知,认为十分现实,可以理解是绝大部分人对越来越多人追求金钱这一现象的看法,5.44%的居民对于这一现象表示瞧不起。这说明居民对金钱方面的认识

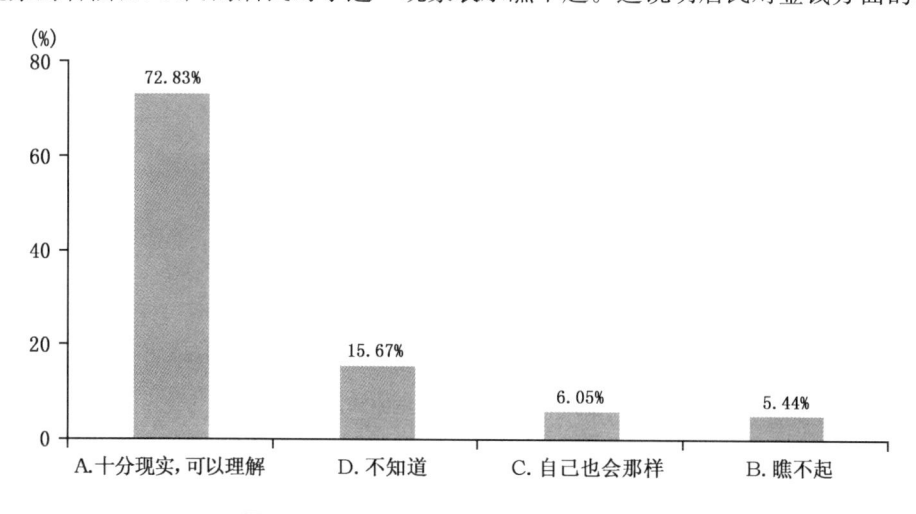

图 9—12 居民对追求金钱人数增加的看法

较为现实,理解他人追求金钱的行为。

(五)居民对是否想成为富人的看法

由图9—13可知,绝大部分居民都有成为富人的愿望,44.25%的居民有点想成为富人,35.34%的居民十分想成为富人,12.62%的居民不想成为富人,7.79%的居民不知道要不要成为富人,由此可知每个人对于金钱的追求不相同。

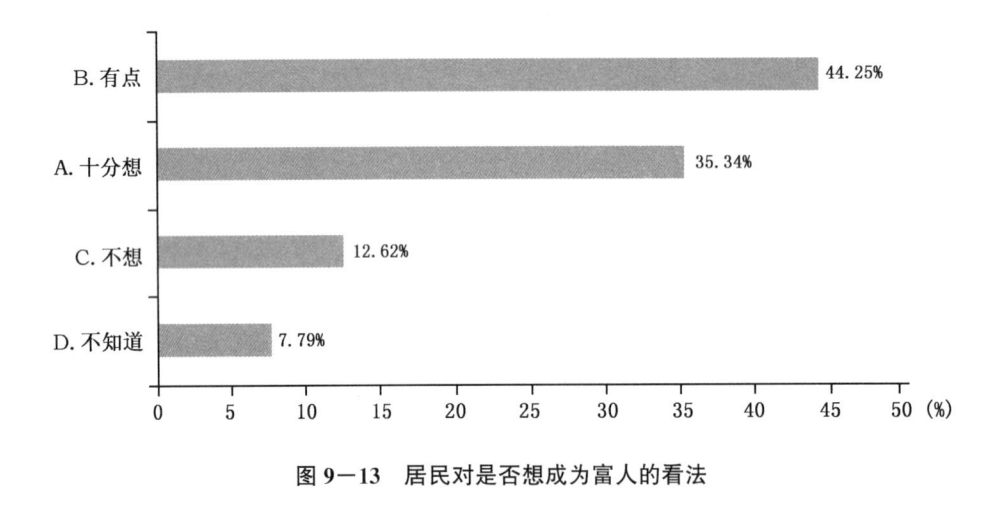

图9—13 居民对是否想成为富人的看法

(六)居民对财富和成功关系的看法

由图9—14可知,大部分居民认同财富可以帮助一个人实现他的价值,从而走向成功,拥有大量财富是成功的一种方式,且财富可以影响社会对于成功的评价;14.36%的居民认为追求财富并得到财富的人生并不算成功;6.24%的居民认为对财富的追求阻滞了人们追求成功的脚步,这说明成功在大部分人看来建立在拥有财富的基础之上。

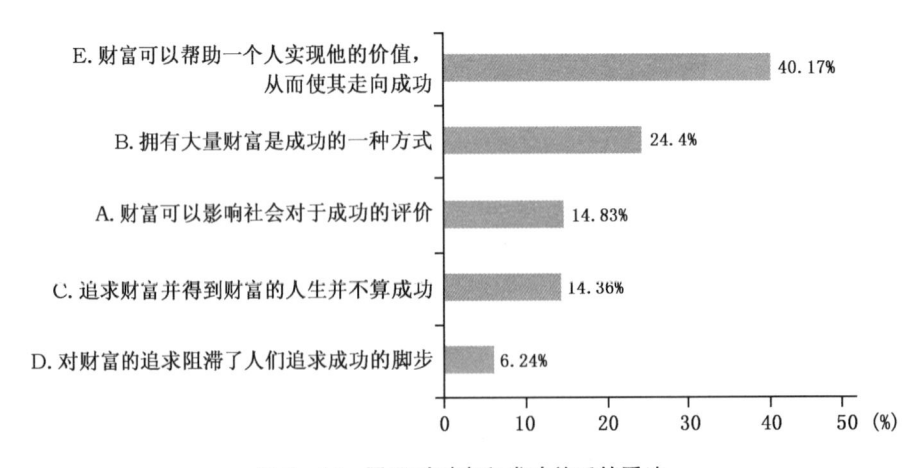

图9—14 居民对财富和成功关系的看法

(七)居民对"富二代"的态度

由图 9-15 可知,人们认为,可以利用父辈的财富实现自己的人生价值,并造福国家社会的"富二代"应当被赞扬。但如果"富二代"利用父辈的财富来满足私欲,人们就认为是对父母辛苦创造财富的侮辱。33.18%的居民对"富二代"持无所谓,认为与自己无关的态度。此外,6.62%的居民认为在物质上嫉妒富足,精神上又背负着不能承受之重。这表明人们对于"富二代"有着较为理性的看法,绝大部分不是一味仇富。

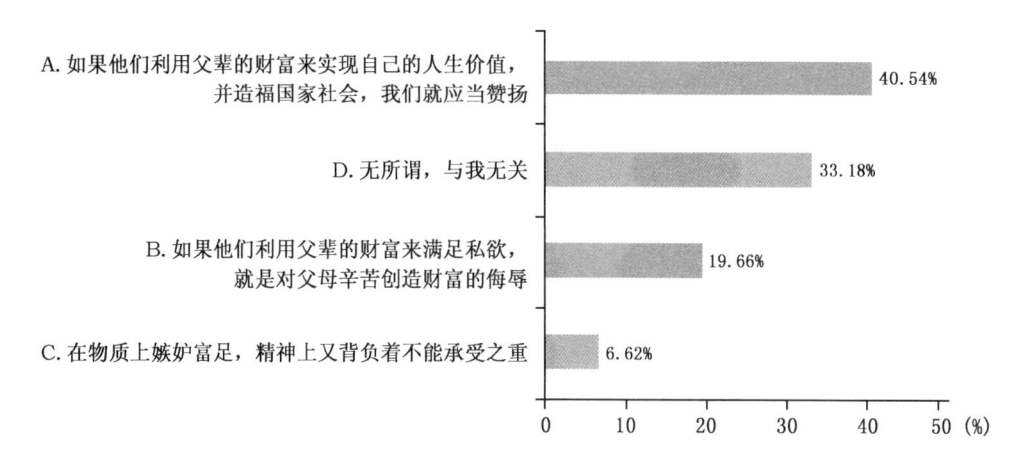

图 9-15 居民对"富二代"的态度

(八)居民对"利"和"义"的处理方式

由图 9-16 可知,60.21%的居民认为需要兼顾"利"与"义"二者的关系;18.16%的居民认为以"义"为中心,不在乎个人利益;16.56%的居民说不清楚两者之间的关系;5.07%的居民以"利"为中心,认为个人利益至上。这说明在绝大部分居民看来,"利"与"义"中无法完全以一种为中心,做到同时兼顾是大部分人的选择。

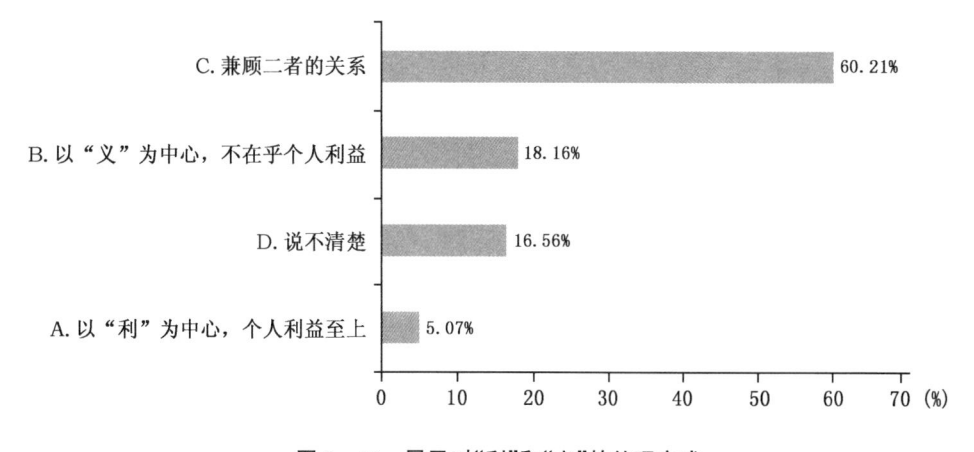

图 9-16 居民对"利"和"义"的处理方式

(九)居民拥有财富的途径

由图9—17可知,超半数居民认为通过努力学习知识和做生意投资、积累经验可以拥有自己的财富,16.14%的居民认为打造人脉关系可以为之后拥有财富铺路,6.76%的居民表示结业开始创业可以拥有自己的财富。由此可见,对于如何拥有财富,每个人有不同的途径与看法,绝大部分居民认为拥有财富需要依靠自己的力量。

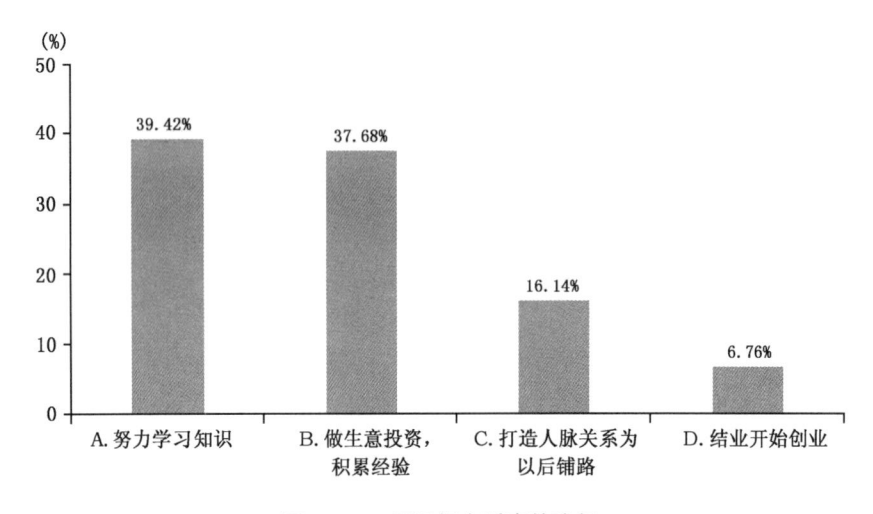

图9—17 居民拥有财富的途径

(十)居民对财富是否需要合理的规划和打理的看法

由图9—18可知,40.17%的居民认为对财富进行合理规划和打理需因人而异,量力而行。39.56%的居民认为若不进行适当合理规划与打理,会错失得到财富的机会。而5.77%的居民认为完全没有必要对财富进行规划与打理。这说明居民对于管理财富看

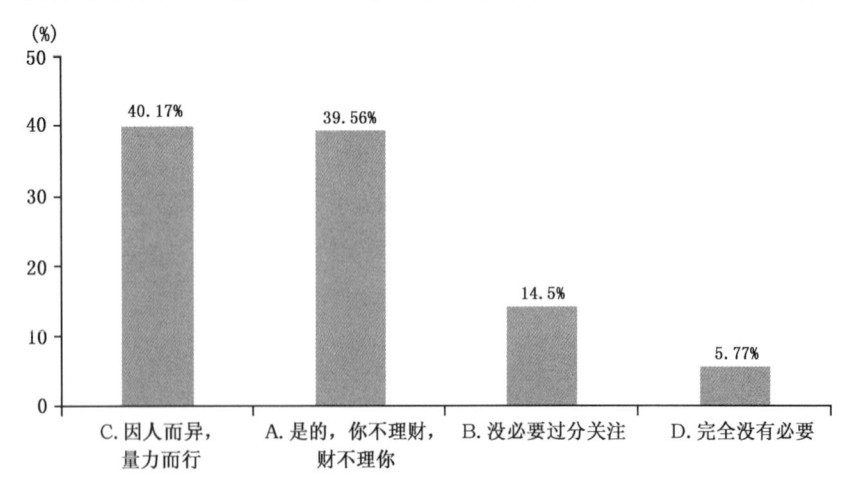

图9—18 居民对财富是否需要合理的规划和打理的看法

法各不相同,小部分人还未意识到财富规划和打理的重要性。

(十一)居民对于财富认知的主要来源

由图9-19可知,绝大部分人对于财富的认知取决于家人朋友、政府引导、学校教育、舆论导向四种方式的共同影响,其中,家人朋友占21.54%,政府引导占16.52%,学校教育与舆论导向分别占9.29%和7.04%。这说明家人朋友的知识灌输影响更大,政府需采取加强居民对于财富认知的措施。

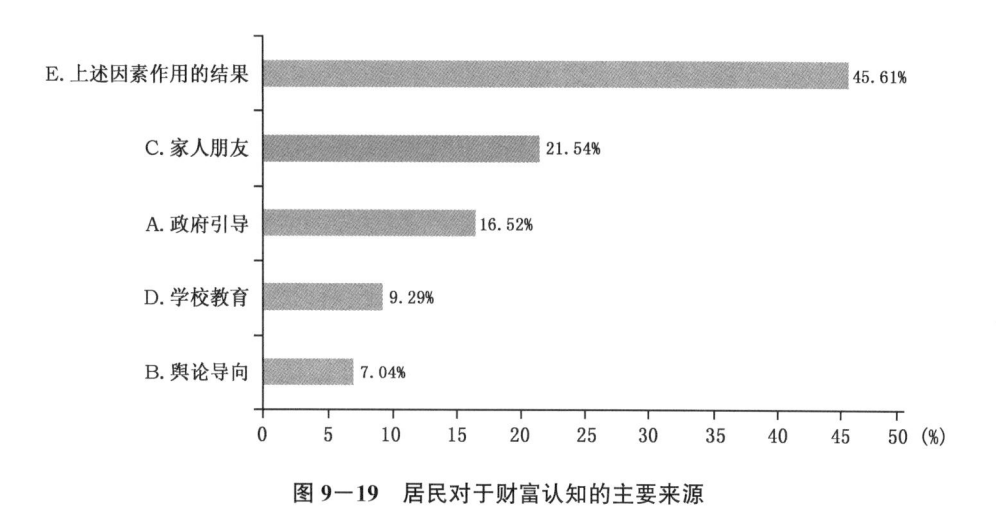

图9-19 居民对于财富认知的主要来源

(十二)居民对六种财富因素重要程度的排序

由图9-20可知,绝大部分居民将健康的重要程度排至首位,其次是亲情。这说明居民对于财富的认知不仅仅局限于金钱,更重视自身的健康程度与家庭关系。

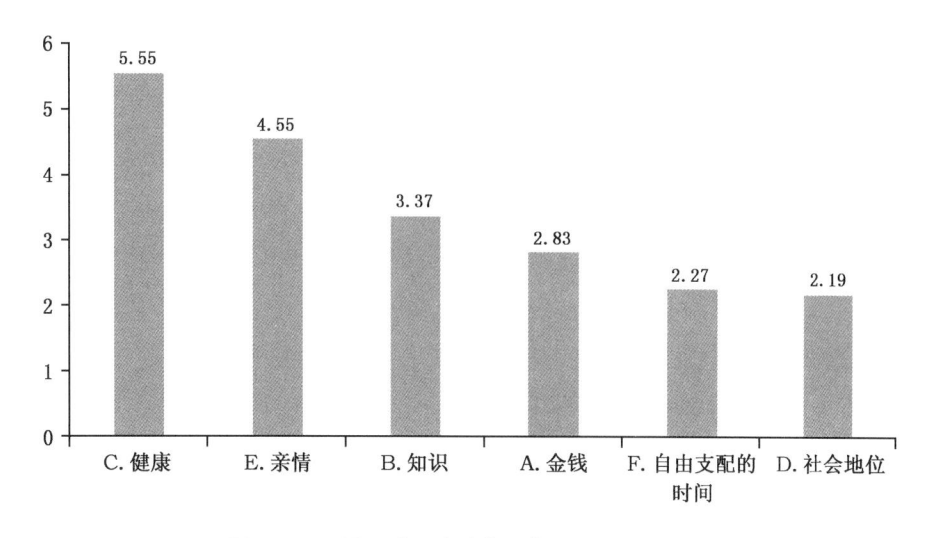

图9-20 居民对六种财富因素重要程度的排序

第二节　浙中地区乡村居民财富观教育的建议

一、新时代乡村居民财富观教育要表达对个体的终极关切

新时代是实现中华民族伟大复兴的时代,是全国人民团结奋斗、实现共同富裕的时代。乡村居民财富观教育的出发点和落脚点要在增强人民的获得感上下功夫,要关注人民的根本利益,赋予其深刻的人民性。而人民是一个概念,它是由单个个人组成的。每个人需求和理想不一样,我们要把广大人民对美好生活的向往作为奋斗目标。它体现了党和政府工作以人民为中心的思想,从群众中来到群众中去,表达了对个体的尊重,切实重视个体关切、保障个体权益。

随着金融资产规模的扩张,乡村居民对资产多样化和配置专业化的需求日益增加。居民财富观已开始步入"多元"化的时代。物质生产资料仅仅满足了人类生存和发展的需要,而人的更深层次的需要是自我创造和全面彻底的解放,即人的自由全面发展,这也反映了马克思理想社会的终极人类关怀。因此,新时代乡村居民财富观教育应该包含两个关系的教育,即财富观与劳动观的关系、财富观与幸福观的关系。劳动是幸福的源泉,道德是幸福的前提。

二、新时代乡村居民财富观教育要充分发挥中华优秀传统文化的作用

中国梦根植于东方特有的文明体系。新时代是实现中华民族伟大复兴中国梦的时代。因此,新时代财富观教育在民族情怀维度,应该包含以下三个方面:一是"必须走中国道路,必须弘扬中国精神,必须凝聚中国力量"的政治教育;二是集体主义价值观教育;三是"自力更生,艰苦奋斗,勤俭持家"等优秀传统精神教育。中国古代伦理财富思想内涵极为丰富,为当前我国财富观教育提供宝贵的理论借鉴和方法指导,意义重大。

在调查中,我们发现乡村居民对财富正当性的追求是肯定的。而在中国古代,以义取利的"道义论"一直贯穿中国传统财富伦理文化。如《论语·里仁》中,孔子承认追求富与贵就如食与色一样均是人的本性,是人的普遍欲望,他没有把自己超脱于常人之上,承认自己也有发财致富的愿望。而对于财富如何创造,中国古代亦强调通过正当的手段谋取财富,以义统利。"君子爱财,取之有道。"关于创造财富的重要手段,中国古代强调文化及技术的重要性。孔子在《论语·卫灵公》中说到,从事农业生产不会发财,学好文化才能发财。在财富安排方式上,中国古代伦理财富思想强调明礼诚信、同怀弱者、扶贫济

危的精神,既要求人们在经济生活中尊崇诚实守信的交换原则,先公后私、博施济众的分配原则,以及节俭爱物的原则,也要求人们生活"务在节俭",反对骄、奢、淫、逸。这些中华优秀传统文化需要我们去大力弘扬。

三、新时代乡村居民财富观教育要有全球视野

全球视野下的乡村居民财富观教育至少应该包括人类共生共赢理论教育、企业谋富教育、国人健康与社会心态教育等三个方面内容。新时代我们要实现从站起来、富起来到强起来的目标。但从社会整体层面回归到个体,会发生国人心态上的大转变。一个人从较低的社会地位和经济地位,突然变得富有和有权势,如果自身的文化水平和道德素质没有跟上,就会产生不良社会心态和失范行为。富裕以后的国人以什么形象呈现在世人面前,以什么样的心态对待社会,这是全球视野下的财富观教育必须考虑的问题。财富观教育要实现个体精神的回归和重塑,培育奋发进取、理性平和、助人为乐的健康社会心态,促进人的全面发展。

第三篇
党建调研

由于新冠肺炎疫情暴发正值春节，因此农村地区疫情防控工作面临的挑战较多，防控压力较大。农业农村部相关负责人表示，党和国家高度重视农村地区的疫情防控工作，农业农村部提早部署，积极动员社会力量共同参与，迎难而上，抓住关键，把防控工作做在前面。政府主管部门和基层疫情防控第一线，都需要充分认识农村疫情防控形势的严峻性，认真分析研判农村地区疫情防控面临的挑战，总结制定有效的防控对策，为农村地区完善公共卫生服务体系提供理论和实践参考。

2020年浙中调查党建调研以"金华农村地区疫情防控中党建引领网格化治理"为主题，调研组通过收集和梳理我国疫情防控开展情况，重点对农村地区疫情防控进行了分析研究，并通过实地走访、问卷填报的形式对金华地区64个行政村的疫情防控措施开展情况进行了调研，客观反映出金华农村地区疫情防控工作的整体面貌。

第十章

党建调研概述

2020年浙中调查党建调研以"金华农村地区疫情防控中党建引领网格化治理"为主题。调查内容具体包括金华农村地区党组织在疫情防控工作中的思想引领、防控措施、生产生活保障、责任担当四个部分；涉及基层党组织学习贯彻落实中央、省、市关于疫情防控指导精神情况，学习贯彻习近平总书记在浙江考察期间重要讲话精神情况，疫情防控措施开展情况，疫情防控网格化治理情况，为农民生活和农村经济复工复产提供基本保障等情况，基层党组织和党员干部在疫情防控中的责任担当情况等。

第一节 调研背景

2020年初新冠肺炎疫情暴发，中共中央、国务院高度重视，迅速行动，习近平总书记亲自指挥、亲自部署，强调把人民群众生命安全和身体健康放在第一位，提出"坚定信心、同舟共济、科学防治、精准施策"[①]的要求，明确坚决打赢疫情防控的人民战争、总体战、阻击战。2020年1月23日，浙江省省政府紧急召开全省新型冠状病毒感染的肺炎疫情防控工作视频会议，会议决定启动重大公共突发卫生事件一级响应。自此全省各地果断采取更严格、更深入、更有效的举措，聚焦"内防扩散、外防输出"，立足"早发现、早报告、早隔离、早诊断、早治疗"，突出闭环管理、量化管理，提升防控措施的精准性、有效性和覆盖面。

在这场疫情防控阻击战中，社区、乡村成为防控的基本单元，农村地区成为关键的一环。相对于城镇而言，农村地区务工返乡人口集中，医疗水平相对落后，防控意识相对薄弱，走亲访友群体聚会观念更加浓厚。因此，农村地区防控措施是否落实到位、疫情传播

---

① 摘自习近平2020年1月25日在中共中央政治局常务委员会会议上的讲话。

能否得到有效阻断、能否迅速复工复产是乡村振兴战略能否顺利实施的关键问题,也是农村地区加强以党组织为核心的农村基层组织建设和完善乡村治理机制的迫切任务。

一、在疫情防控中保障乡村振兴规划顺利实施

党的十九大以来,中国共产党全面实施乡村振兴战略,按照"产业兴旺、生态宜居、乡风文明、治理有效、生活富裕"的总要求,带领广大农村党员干部和人民群众发展经济、脱贫摘帽、共奔小康,收获了乡村建设的巨大成就。2019年12月25日,由金华市发展和改革委员会编制的《金华市乡村振兴战略规划(2018—2022年)》(以下简称《规则》)正式印发实施。然而突发的新冠疫情,严重影响了农村居民的生活,严重阻碍了农村产业经济发展,甚至可能打乱乡村振兴战略规划的实施进度。因此在农村地区切实贯彻落实疫情防控各项措施,是乡村振兴战略能够继续有序、有效、有力推进的重要保障。

(一)做好疫情防控是实施乡村振兴战略的重要保障

《规划》的基本原则是"坚持农民主体地位,把维护农民群众根本利益、促进农民共同富裕作为出发点和落脚点。"由此可见,乡村振兴战略实施的核心是人,而人的主观能动性的创造活动需要健康来维系。2020年初农村地区面临的疫情防控是一场关于农民群众健康的战役,新冠病毒随时可能侵入农村地区,进而冲击和破坏党和人民前期努力创造的乡村振兴成果。农村地区只有充分发挥农民群众主观能动性,全民抗疫,严守防线,才能保障农民群众的生命健康,为农村地区产业发展、人民生活、基层治理、脱贫致富营造良好氛围。

(二)做好疫情防控需要夯实农业生产的经济基础

《规划》制定了金华农业发展总体目标,即"到2022年,全市粮食综合生产能力稳定在60.06万吨,农林牧渔业增加值达155亿元,年均增长2%以上。"而2020年初暴发的新冠肺炎疫情对农业生产的破坏是显而易见的。农村疫情防控和乡村经济发展两者相辅相成,一方面疫情防控离不开经济的支撑,另一方面农村疫情防控的重要目的也是恢复农业生产。因此在疫情防控中需要一手抓防疫,一手抓乡村经济建设。在组织有效的疫情防控措施下,安全有序地恢复生产活动,推动经济发展;组织好乡村劳动产品的产销对接,帮助农民扩大产品销路,解决产品滞销问题;为复工复产创造良好条件,提高复工复产便利度,做实做细务工人员的返岗安置,确保乡村劳动力顺利外出工作,稳定农村居民的家庭收入。

(三)做好疫情防控要汇聚社会联动的强大合力

《规划》明确提出"推进三治融合,健全乡村治理新体系"的规划目标,要培育新型社

会组织参与自治,"大力培育乡村振兴促进会、文体协会、环保协会、调解组织、志愿者队伍、爱心基金会等服务型、互助性、公益性新型社会组织,推动其协同参与乡村治理",该思路与做好疫情防控的群防群控原则一致。做好疫情防控应当汇聚团结各种有利的主体力量,以适应疫情防控新阶段、新思维、新要求。农村居民作为抗疫主体,需积极配合疫情防控的新策新规,自觉主动参与群防群控,加强学习,提高自身防疫意识和防疫能力。社会组织作为辅助主体,需积极、及时、高效地参与乡村抗疫,通过壮大组织队伍、激发组织活力、提升组织专业性等途径连接政府、联系群众,为乡村疫情防控常态化做出有利贡献。只有把新策新规中的人民性、农村居民的主动性和社会组织的辅助性汇集起来,才能集聚多方联动的强大合力。

二、在疫情防控中深化巩固"不忘初心、牢记使命"主题教育成果

2019 年 9 月 11 日金华市召开"不忘初心、牢记使命"主题教育工作会议,随后各县(市、区)陆续召开工作会议,各级党组织动员广大党员干部以走在前列的政治自觉,高标准推进主题教育。

新冠肺炎疫情暴发正值党对"不忘初心 牢记使命"主题教育开展总结、巩固成果的重要时期。2020 年 1 月 8 日,中共中央召开"不忘初心、牢记使命"主题教育总结大会,习近平总书记在总结大会上发表讲话时指出,越是任务艰巨繁重越需要领导机关和领导干部奋勇当先、实干担当。之后针对新冠肺炎疫情的防控提出:"只要坚定信心、同舟共济、科学防治、精准施策,我们就一定能打赢疫情防控阻击战。"习近平总书记的重要指示为做好疫情防控工作指明了方向和路径。广大党员干部都把疫情防控工作作为巩固深化主题教育的重要实践,将其作为践行初心使命的磨刀石和试金石。

(一)在疫情防控的危难时刻扛起政治责任

抗击疫情是与时间赛跑,一刻都不能延误,一刻都不能怠慢。在这场特殊的战斗中,处处是战场、人人是战士。广大党员干部切实增强"四个意识"、坚定"四个自信"、做到"两个维护",充分认识做好疫情防控工作、打赢疫情防控阻击战的极端重要性和现实紧迫性,把疫情防控工作作为当时最重要的工作,切实扛起疫情防控的政治责任。基层党组织主动承担起疫情防控"第一道防线"责任,发挥政治引领优势,通过有力的组织、严密的防控、到位的宣传、稳定的保障,在防控疫情的战役中充分释放主题教育的巨大效能。

(二)在疫情防控的重任面前彰显担当使命

面对关系民众安危的重大突发事件,党员干部的"身先士卒"就是一种力量。众多奋战在防控疫情一线的医护人员、落实联防联控措施的社区工作者、提前结束休假的公职

人员等身体力行,带给我们感动和鼓舞。越是危难关头,党员干部越要能冲得上去、豁得出来;越是关键时刻,党员干部越要挡在最前面、守在最险处。党员干部要以坚定的信念、"硬核"的行动,将"疫情就是命令,防控就是责任"落到最实处;在主动做好本行业、本系统的防控工作的同时,积极发挥职能作用,切实将疫情防控的"战场"作为践行初心使命的"考场",用动真碰硬的实际行动交上一份让人民群众满意的"答卷"。

(三)在疫情防控的紧急关头解群众之难题

急群众之所急,既是党的一贯倡导,也是党员身上必须具备的基本品质。要多站在群众立场上看待问题,及时做好政策宣传,加强舆论引导,主动为群众释疑解惑,消除恐慌心理,既当好"贴心人",也当好"主心骨"。要多设身处地为群众着想,当好倾听者,了解防控时期群众的需求,及时为困难群众解决问题,最大限度地减少疫情防控给群众生活带来的不便。要加强乡镇街道、驻区单位、社区的联防联控,更好地为人民群众提供便利和帮助,用辛苦指数换取群众的安心指数,传递更多正能量。

三、在疫情防控中推动农村治理体系和治理能力现代化建设

2020年2月14日,习近平总书记主持召开中央全面深化改革委员会第十二次会议并发表讲话,他指出:这次新冠肺炎疫情防控,是对治理体系和治理能力的一次大考。新冠肺炎疫情发生后,中央农村工作领导小组办公室、农业农村部迅速落实习近平总书记重要指示和中央决策部署,指导各地党委农办、农业农村部门和广大农村基层组织立即投身疫情防控,积极配合相关部门严格落实各项防控措施,打响群防群控的人民战争,有效防止了疫情在农村地区蔓延扩散,检验了乡村治理的成效。

2020年年初,金华市委扎实推进"千村示范、万村整治"工程取得显著成效。2019年12月20日,金华市委深化"千万工程"建设新时代和美丽乡村现场会暨基层党建工作例会在义乌召开。原金华市委书记陈龙在会上强调,乡村建设成效事关全面小康成色,各地各部门要更加坚定自觉地落实中央和省委关于美丽乡村建设的决策部署,坚持党建引领,围绕乡村治理现代化,拉高标杆、创出特色,高水平建设新时代和美乡村,推动金华市乡村振兴走在全省前列。

金华通过行政村规模调整,集聚相关产业资源,做大做强特色优势产业,使调整后的农村资源配置更加合理、发展空间更大、基层组织战斗力更强,为该市进一步推进乡村振兴、实现强村富民、改善基层治理、强化基层政权夯实了基础。此次疫情防控是对金华农村治理体系和治理能力的一次重大考验。

(一)充分发挥基层党组织的领导作用

基层党组织在农村社会治理中处于领导核心地位,发挥着凝聚民心、发动群众、引领发展的作用。基层党组织不仅是农村社会治理的领导者、推动者和实践者,更是落实党的目标任务、实施党的方针政策的根本组织保障。加强乡村治理体系建设必须全面加强农村基层党组织建设,强化村党组织对村级各类组织的领导,优化农村基层党组织设置,充分发挥战斗堡垒作用。在此次新冠肺炎疫情的联防联控、群防群治中,农村基层党组织发挥领导作用,第一时间贯彻落实疫情防控各项措施,及时采取应对措施,迅速组织人力、物力投入疫情防控阻击战,结合各村实际,认真开展研究制定方案、信息宣传、摸底排查、重点筛查等工作。党员主动亮明身份、冲锋在前,遵守防控规定,示范带动群众不串门聚餐、注重卫生,发挥了党员先锋带头作用。

(二)迅速发动群众构建群防群控工作体系

推动农村治理体系和治理能力现代化建设必须坚持以人民为中心。人民群众是乡村治理的主体。要发挥群众首创精神,把为了群众与依靠群众相结合,实施科学决策、民主决策,拓宽人民群众参与乡村治理的渠道,加快形成共建共治共享的基层社会治理格局。引导人民群众参与乡村治理政策制定、实施、监督全过程,调动群众参与乡村公共事务的积极性,将人民群众作为乡村振兴的服务对象,强调亲情化服务、人性化治理,实现服务与治理并举。做好农村地区疫情防控也必须依靠群众优势,密切联系群众,一切为了群众。农村工青妇组织要发挥群众团体优势,密切联系群众,配合开展疫情宣传教育,充实防控力量。农村医疗机构要及时开展排查、宣传防护知识,做好隔离人员的体温监测;还要积极发动农村乡贤开展捐款捐物,发动村干部、老党员及热心公益的村民积极组建疫情防控志愿者队伍。广大农民群众也必须主动配合疫情防控要求,佩戴口罩、勤洗手、勤通风,减少串门和走亲访友等聚集性活动。

(三)严格落实确保防控措施精准到位

中共中央办公厅、国务院办公厅印发的《关于加强和改进乡村治理的指导意见》将"加强乡镇政府公共服务职能"列为具体的工作任务,努力构建"县乡联动、功能集成、反应灵敏、扁平高效的综合指挥体系,着力增强乡镇统筹协调能力,发挥好乡镇服务、带动乡村作用"。农村疫情防控的任务组织、分解、细化、落实及检查考核都是确保防控措施落实落细的必然要求。因此,农村在疫情防控中要细化量化防控工作任务,分级分类对村庄进行管理,在村口、路口等主要交通节点设立检查点,严控外来车辆和人员。运用网格化管理方案,对返乡人员及时开展地毯式排查,对重点人群实施动态管理,严格落实居家隔离、定期连续监测体温等措施。建立出入证管理制度,加强外来人员出入管理,采取有效措施杜绝群众聚集,加强口罩废弃物等管理。这些具体的防控措施必须精准到位,要有扁平高效的指挥体系,要有强有力的统筹协调能力,还要有严格规范的检查考核体系,这些都是推进农村治理体系和治理能力现代化的具体实践,有助于农村公共服务能力的有效提升。

第二节　调研目的

浙中调查是上海财经大学浙江学院于2018年推出的社会实践和社会调查研究项目,学院组织在校生于暑期对金华9个县(市、区)开展农村、农业、农民问题主题调查。自2018年起,浙中地区乡村党建调研项目从党建特色、党建品牌到党建示范,开始逐步深入到党建引领以及党建实践转变。金华基层党建工作本身就有许多亮点,包括形成了"五星争创""全科干部"等经验,社会治理工作也可圈可点,尤其值得肯定的是被称为"后陈经验"的武义县白洋街道的后陈村村务监督委员会制度。

2020年浙中调查正值金华农村地区疫情防控取得阶段性成效,将当前最为关注的疫情防控工作开展情况作为此次党建调研主题具有十分重要的现实意义。

一、充分发挥党建在疫情防控中的引领作用

新冠肺炎疫情发生后,习近平总书记亲自指挥、亲自部署,时刻关注疫情形势和防控工作进展情况,深入基层调研指导,研究部署疫情防控工作。在抗击新冠肺炎疫情的斗争中,党的组织体系高效运转,经受住重大风险挑战的考验,彰显强大优势。此次调研实践活动组织学生前往金华农村地区,采访基层党组织负责人,通过访谈、问卷填写等方式感受基层党组织在疫情防控中如何发挥引领作用,如何构建网格化防控体系等具体内容,充分展现其强大的组织优势和制度优势。学生们深刻体会到党中央对疫情形势的判断是准确的、各项工作部署是及时的、采取的举措是有力有效的,党中央的正确领导和各级党组织的持续努力为打赢疫情防控的人民战争、总体战、阻击战提供了根本保证。

二、充分展现金华农村疫情防控的显著成效

金华作为开放型城市,商贸物流活跃、人员流动频繁、防控压力巨大,是全省抗疫的重要战场。金华农村地区又是防控的主战场和薄弱环节。新冠肺炎疫情发生以来,全市上下高度重视、迅速行动、狠抓落实,在疫情防控和经济社会发展两个战场,都交出了展现金华担当的高分答卷。全市精密智控,有效遏制疫情蔓延势头;全力救治,最大程度地

保护人民群众生命安全;提前谋划,实现复工复产复市。防控措施取得了显著成效,有许多经验值得总结和进一步深化运用,在其他社会治理活动中都有着实际的借鉴意义。

三、充分体现党建思政教育的实践意义

此次浙中调查党建项目的主体参与者是学生,旨在通过社会实践实现人才培养、服务社会和教学科研等职能,把学生的空间和视野从校园、课堂转移到农村基层,把学生的受众群体从同学、教师转变为农民、村干部等基层一线人员,把学生的知识获取来源从课本、网络转移到村支书、村委等基层党建具体责任人。调研活动从空间的广度和思维的深度以及实践的力度等方面都会发生质的变化,让学生的思维触及基层的农村地区,使思想政治教育的形式更加具体化和可视化,充分发挥思想政治教育的时效性,切实增强学生的社会认知力和实践能力。

调研实践活动将取得以下成效:

(一)形成金华农村地区疫情防控调研报告

调研通过具体翔实的数据体现金华农村地区基层党组织在疫情防控中思想引领、防控措施、生活保障措施、复工复产措施的详细开展情况,并形成调研报告供金华市政府和相关部门参考决策使用。

(二)收集金华农村疫情防控中的先进典型

调研人员通过访谈充分发掘金华农村地区在疫情防控中的典型人物和典型事迹,展示金华基层抗疫斗争的生动画卷,激励全市上下以更坚定的信念、更奋进的姿态,统筹推进常态化疫情防控和经济社会发展,全面开启争创社会主义现代化先行市新征程。

(三)深入思考金华农村地区疫情防控理论研究意义

2020年的农村疫情防控工作,对乡村振兴战略实施、推动乡村治理体系和治理能力现代化方面的理论研究都有十分重要的实践意义。调研实践活动,一方面为推动乡村治理提供理论参考;另一方面通过问题和对策研究可以发现,疫情防控的实践过程对提升乡村治理能力和推动乡村振兴建设提供行之有效的具体措施。

第三节 调研对象

受新冠肺炎疫情的影响,本次调研范围集中在金华农村地区,具体调研对象为农村基层党组织书记,从基层党组织负责人的角度回顾2020年上半年所在的村党组织在疫情防控中所采取的各项具体措施。学院各系部参与调研的区域安排如表10-1所示:

表 10—1   2020年浙中调查党建调研分布地区

序号	系部	对接县(市、区)	实践基地(实践点)
1	统计系	东阳市	湖溪镇、虎鹿镇;2镇+4村
2	金融系	浦江县、武义县	武义县履坦镇、西联乡,浦江县檀溪镇、虞宅乡;4镇+14村
3	会计系	义乌市、金东区	金东区岭下镇、澧浦镇、曹宅镇、义乌市义亭镇;4镇+18村
4	工商管理系	永康市、婺城区	婺城区白龙桥镇、琅琊镇、永康市江南街道、舟山镇;4镇+18村
5	经济与信息管理系	兰溪市	柏社乡;1乡+4村
6	外语系	磐安县	双溪乡;1镇+6村
合计	6系部	9县(市、区)	16乡(镇、街道)+64村

第四节　调研内容和调研方式

2020年党建调研围绕"新冠肺炎疫情防控"主题,突出疫情防控工作的党建引领作用,全面调查金华农村地区在开展疫情防控工作中的基层党组织的思想引领、宣传途径、责任担当、组织保障的具体措施及效果评价。

一、调研内容

本次调研主要内容包括：

第一部分:疫情防控中基层党组织的思想引领作用,具体包括:学习中共中央、省、市关于疫情防控相关指导精神情况;学习习近平总书记在浙江考察期间重要讲话精神情况;村党组织疫情防控宣传工作开展情况;强化党员思想认识情况。

第二部分:疫情防控中基层党组织对防控措施落实情况,具体包括:联防联控措施开展情况;疫情防控队伍建设情况;防控网格化体系建设情况;网格员队伍组建情况;外来人员管控措施开展情况;居家观察人员监管情况。

第三部分:疫情防控中基层党组织生产生活保障措施,具体包括:提供基本生活保障措施情况;辖区企业(商户)经营状况;农业生产影响及恢复状况;重点人群心理帮扶和困难家庭救助情况。

第四部分:疫情防控中基层党组织担当作为情况,具体包括:党员干部在疫情防控中作用评价情况;动员党员参与疫情防控情况;党员干部在疫情防控中敢于担当情况;"党员亮身份"开展情况;村民群众对党员干部评价情况。

二、调研方式

党建调研通过集中问卷访谈村党组织负责人、村支委委员等人员,辅以乡村走访、乡村思政课以及先进事迹征集等方式开展。除了问卷调查、人员访谈等方式之外,此次调研还查阅了大量关于金华地区农村疫情防控的文件规定、政策措施和新闻报道等,搜集了大量的统计数据和关于典型问题分析的理论文章,为深化调研主题、增强理论水平奠定了基础。

本次调研以村基层党组织为单位,回收有效问卷81份,实际覆盖金华市9个县(市、区)、16个乡镇(街道)、64个行政村。问卷访谈的对象以基层党组织负责人为主,在81名访谈对象中,含村支书36人、村支委成员27人、驻村干部1人、普通党员7人、其他村民10人。具体数据采集情况见表10—2。

表10—2　　　　　　　　　数据采集区域分布表

序号	县(市、区)	乡镇(街道)	村	有效问卷数
1	东阳市	虎鹿镇	东山村	2
2			燕山村	2
3		湖溪镇	上田村	2
4			象田村	2
5	武义县	履坦镇	履三村	7
6			郑村	5
7			坦头村	1
8			王古村	2
9			杨岸村	1
10		西联乡	马口村	2
11			河涧村	1
12			内河洋村	1
13			壶源村	1
14	浦江县	虞宅乡	新光村	1
15			智丰村	1
16		檀溪镇	九母岛村	1
17			平湖村	1
18			寺前村	1

续表

序号	县(市、区)	乡镇(街道)	村	有效问卷数
19	金东区	岭下镇	釜章村	1
20			岭四村	1
21			岭五村	1
22			日辉路村	1
23			柿树塘村	1
24			汤村	1
25		澧浦镇	澧浦村	1
26			洪村	1
27			下宅村	1
28			郑店村	1
29		曹宅镇	大黄村	1
30			杜宅村	1
31			金溪村	1
32			上目宋村	1
33			五和村	1
34			雅里村	1
35	义乌市	义亭镇	缸窑村	1
36			上宅村	1
37	永康市	江南街道	上山门村	1
38			溪口村	1
39			园周村	1
40		舟山镇	红柿园村	1
41			凌宅村	1
42			上丁村	1
43			下丁村	1
44	婺城区	白龙桥镇	古方村	2
45			芦头村	1
46			上下邵村	1
47			新昌桥村	1
48			下杨村	1
49		琅琊镇	浩仁村	1
50			泉口村	1
51			上盛村	1
52			新兰村	1
53			杨塘下村	1
54			金兰村	1
55	兰溪市	柏社乡	百聚社村	1
56			水阁村	1
57			下蒋坞村	1
58			桥头村	1

续表

序号	县(市、区)	乡镇(街道)	村	有效问卷数
59	磐安县	双溪乡	东三村	1
60			金鹅村	1
61			潘庄村	1
62			史姆村	1
63			樱花村	1
64			梓誉村	1
合　计				81

本次浙中调查在县(市、区)做到了全覆盖,在152个乡镇中覆盖了16个,占比为10.53%;在4 466个村中覆盖了64个,占比为1.43%,因此抽样调查数据具有一定的代表性。一方面,调查采用了以系联系县(市、区)的模式,调查区域相对固定,可长期对同一乡镇、同一村庄进行持续调查,从而保证数据更加科学、规范;另一方面,鉴于疫情防控的政策自上而下实施,对同一县市的同一乡镇而言具有类似特征,因此数据更具代表性。随着办学实力和办学水平的持续增强,学院将逐步提升浙中调查的覆盖面,进一步提升调研数据的完整性和全面性,为掌握浙中地区真实情况和地方政府科学治理决策提供更加科学、有效的参考。

第十一章

基层党组织在疫情防控中的引领作用

基层党组织作为党执政的"神经末梢",政治属性是其根本属性,政治功能是其基本功能。只有不断把强化政治功能、注重政治引领作为基层党组织建设的首要任务,旗帜鲜明地履行政治责任,才能更好地发挥基层党组织的政治引领作用。

党的基层组织是党在社会基层组织中的战斗堡垒,是党的全部工作和战斗力的基础。新冠肺炎疫情发生以来,基层党组织的战斗堡垒作用得到充分发挥。党的组织体系高效运转,经受住重大风险挑战的考验,彰显其强大优势。此次专题调研显示,金华农村地区广大基层党组织切实担负起疫情防控属地管理的重要责任,充分发挥党建引领下的基层社会治理体系的优势,统筹村两委、村干部队伍、党员队伍、网格员、志愿者等各方力量,有序参与基层疫情防控,构筑群防群治抵御疫情的严密防线。

第一节 确保疫情防控政策贯彻落实到位

农村是疫情防控的基本单元,基层党组织作为这个基本单元的领导者和执行者,其首要政治任务就是确保党中央决策部署贯彻落实,有令即行、有禁即止。疫情发生后,金华农村地区基层党组织能够坚决贯彻落实习近平总书记关于疫情防控的重要讲话、重要指示精神和党中央决策部署,村支书为本村疫情防控工作的第一责任人并予以明确,全面加强本村疫情防控工作的统一领导、统一指挥,保证党中央各项决策部署在本地区落实落地。

一、坚决把思想和行动统一到党中央决策部署上来

疫情暴发以来,"党中央第一时间做出部署,全面加强对疫情防控的集中统一领导,

采取最全面、最严格、最彻底的防控举措,赢得了抗击疫情的战略主动。作为最高指挥部的神经中枢,习近平总书记高瞻远瞩、统揽全局,从1月25日到5月14日,他主持召开了13次中央政治局常委会会议,专题研究统筹疫情防控和经济社会发展工作,极大地稳定了党心、军心和民心,增强了全党全军全国人民决战决胜的信心决心,凝聚起了众志成城抗击疫情的强大力量。"①在党中央坚强领导下,各地各部门密切配合,社会各界齐心协力,迅速形成打赢疫情防控阻击战的强大合力,各项工作有序进行,全国疫情在大家共同努力下得到有效控制,向世界展示中国共产党领导的优越性。

(一)切实统一党员干部的思想认识

做好农村地区的疫情防控工作,全体党员干部必须进一步提高政治站位、统一思想认识,站在牢固树立"四个意识"、坚定"四个自信"、坚决做到"两个维护"的高度认识抓好疫情防控工作的重要性和紧迫性,坚决扛起疫情防控责任,始终把疫情防控工作作为当前一项重要的政治任务,切实发挥党员干部在疫情防控工作中的先锋模范作用。调研显示,受访的64个村党支部在面对疫情防控的重大考验时,有效地发挥了思想政治建设的独特优势,通过各种方式进一步提高政治站位,统一思想认识。如图11-1所示,在强化思想认识的方式方法上,领导带头示范成效最为明显,占比为90.12%;86.42%的受众表示支部针对疫情防控开展了专题动员部署工作;一对一联系做思想政治工作的比例为54.32%。由此可见,农村地区基层党组织在强化思想认识方面能够坚持领导带头、统一部署和重点引导相结合,多措并举把全体党员干部思想统一到上级决策部署中去。

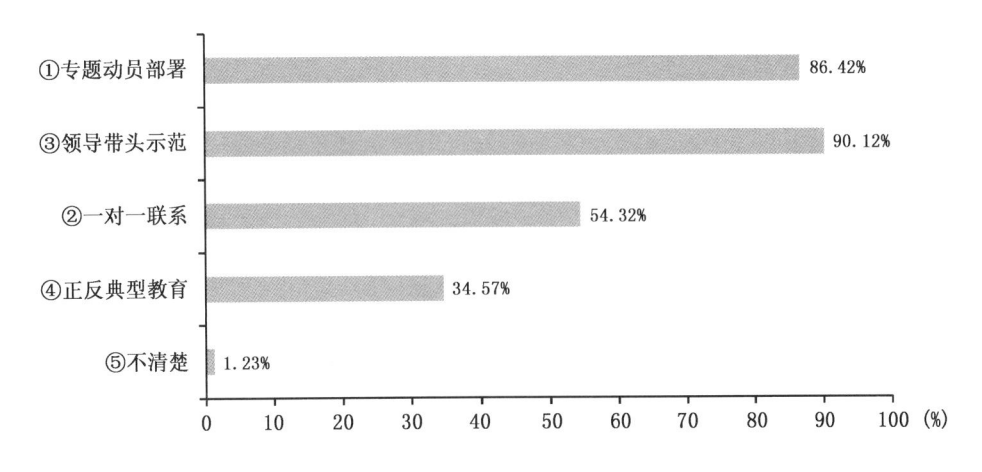

图11-1 村党支部强化支部党员在疫情防控期间的思想认识途径

---

① 杨绍华.抗疫凸显中国制度优势[J].机关党建研究,2020(06).

(二)学习习近平总书记在浙江考察时的重要讲话精神

在统筹推进疫情防控和经济社会发展工作的关键时期,习近平总书记赴浙江考察调研,从战略和全局高度,为全国特别是浙江发展全方位领航掌舵。要把思想和行动高度统一到党中央决策部署上来,就要把学习贯彻习近平总书记重要讲话精神与全面落实中央统筹推进疫情防控和经济社会发展工作部署结合起来,加强疫情防控这根弦不能松,确保打赢疫情防控阻击战。访谈中,81名受访者均表示在疫情防控的关键时期,习近平总书记来浙江考察并发表重要讲话,切实增强他们的工作信心,为开展好下一阶段工作指明了方向、提供了遵循。调研显示,受访的支部通过多种途径传达学习了习近平总书记在浙江考察期间的重要讲话精神,其中,通过学习强国App自主学习的比例最高,占比79.01%;召开专题会议传达学习的占比77.78%;65.43%的受访者通过集体收看电视的方式进行了学习(见图11-2)。

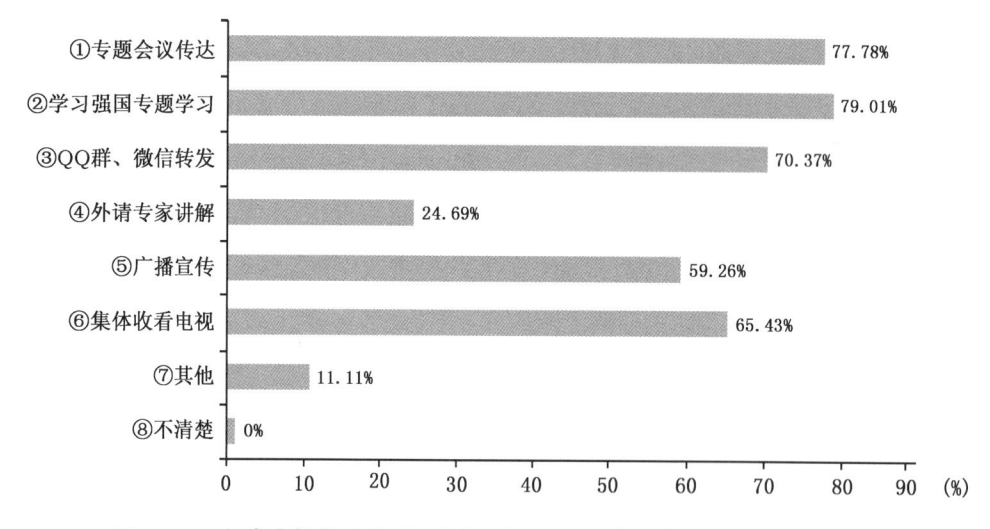

图11-2 村党支部学习习近平总书记在浙江考察期间的重要讲话精神的途径

(三)多举措扎实做好疫情期间思想政治工作

调研发现金华农村地区基层党组织通过多种途径做好疫情防控的思想政治工作,在疫情防控期间,除了传统的专题会议、工作微信群、钉钉软件等途径之外,一些党支部还通过专题讲座、知识测试、防控倡议书等形式进一步传达上级重要指示精神,教育引导全体党员切实把做好疫情防控工作作为首要的政治任务,全力投入疫情防控工作之中。调研显示,受访的农村党支部常态化开展关于疫情防控的知识测试活动的比例达34.57%,高于按照上级要求开展的比例,经常主动开展的占比19.75%(见图11-3)。

调查显示,常态化疫情防控工作中,邀请专家到所在村开展疫情专题讲座的比例达

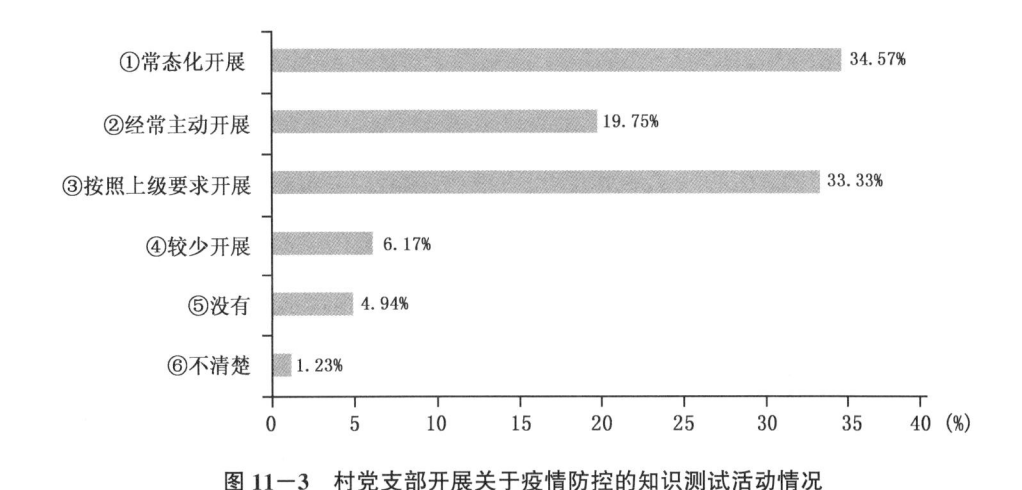

```
①常态化开展          34.57%
②经常主动开展        19.75%
③按照上级要求开展    33.33%
④较少开展             6.17%
⑤没有                 4.94%
⑥不清楚               1.23%
```

图11—3　村党支部开展关于疫情防控的知识测试活动情况

到20.99%,开展疫情防控倡议书活动的比例达到38.27%。由此可见,农村党组织在如何强化思想认识方面进行了积极思考,工作形式多样,内容丰富,效果也较为显著。

二、学习贯彻中央、省、市疫情防控政策

做好疫情防控工作部署,首先要学习领会上级关于疫情防控的具体政策规定,精准把握防控要求。为深入贯彻学习中央、省、市关于新冠肺炎防控工作相关文件精神,精准落实新冠肺炎防控措施,金华农村基层党组织迅速开展了学习培训活动。调研显示,在疫情防控期间,受访的81人中,有23人反映所在党支部每天开展学习贯彻中央、省、市关于疫情防控相关指导精神活动,占比28.4%;反映隔几天开展学习的有14人,占比17.28%;有22人反映每周开展学习活动,占比27.16%;反映每月开展学习培训的有20人,占24.69%;反映不清楚的有2人,占比2.47%(见图11—4)。

关于学习途径和方法的调研显示,排名第1的为微信群,占比高达92.59%,即有75名受访者表示通过微信群传达学习上级防控精神;排第2名和第3的比例较为接近,分别为横幅和宣传展板,占比为76.54%和74.07%,往后依次是学习强国App、专题会议、广播等方式(见图11—5)。

以上两方面的调查结果表明,疫情防控期间,金华农村地区对上级关于防控指导精神的学习是积极充分的;"互联网+党建"新模式开启,党支部设立微信工作群,为疫情防控工作信息传播和任务传达发挥了重要的作用。同时,农村基层党组织非常重视传统宣传媒介的运用,横幅、宣传展板的使用率很高,悬挂横幅和布置宣传展板反映出农村地区学习教育的工作特色。正是由于基层党组织对学习教育的重视,确保上级精神传达到

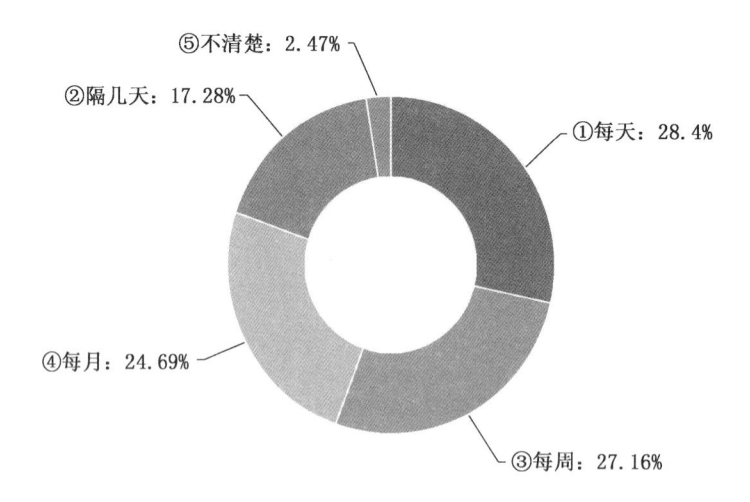

① 不清楚：2.47%
② 隔几天：17.28%
① 每天：28.4%
④ 每月：24.69%
③ 每周：27.16%

图 11-4　村党支部学习中央、省、市关于疫情防控相关指导精神情况频率

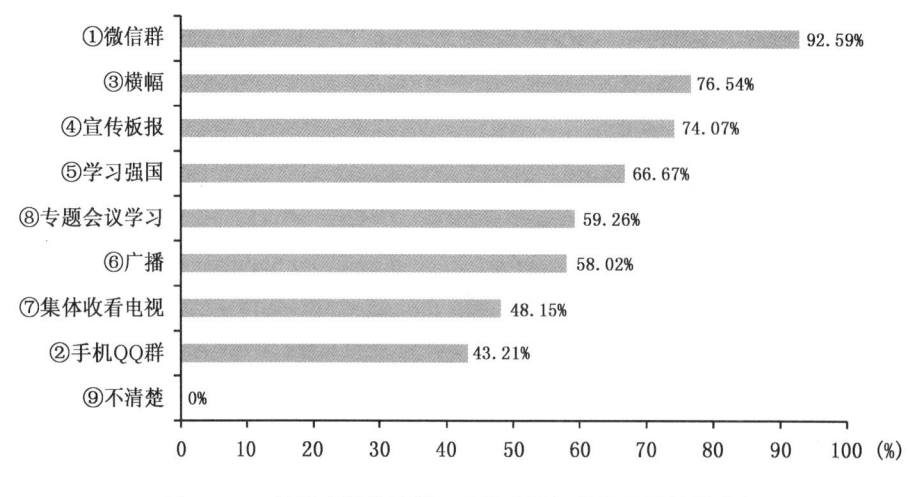

① 微信群　92.59%
③ 横幅　76.54%
④ 宣传板报　74.07%
⑤ 学习强国　66.67%
⑧ 专题会议学习　59.26%
⑥ 广播　58.02%
⑦ 集体收看电视　48.15%
② 手机QQ群　43.21%
⑨ 不清楚　0%

图 11-5　村党支部传达学习疫情防控相关指导精神的途径

位,防控要求科学准确落实。

三、有效开展疫情防控宣传和舆论引导

疫情防控宣传和舆论引导的作用至关重要。村基层党组织要充分认识舆论引导对于疫情防控总体战取得成功的重要性,充分认识疫情防控工作的艰巨性和复杂性,坚守初心使命,勇担重任、勇于战斗,牢牢掌握舆论主动权,用有力的正面宣传更好地强信心、暖人心、聚民心,做好疫情防控的宣传教育和舆论引导。

（一）聚焦政策解读,把防控工作政策解读摆在宣传工作的突出位置

调查显示,在疫情防控宣传内容选择上,最靠前的三个方面分别是"疫情防控知识"

"疫情防控措施及要求"以及"疫情防控指示精神",比例分别高达92.59%、90.12%和87.65%(见图11-6)。只有充分尊重农民群众知情权,及时发布准确政策和相关信息,才能消除疑虑、坚定信心、抵制谣言、稳定情绪,坚定战"疫"必胜的社会信心。

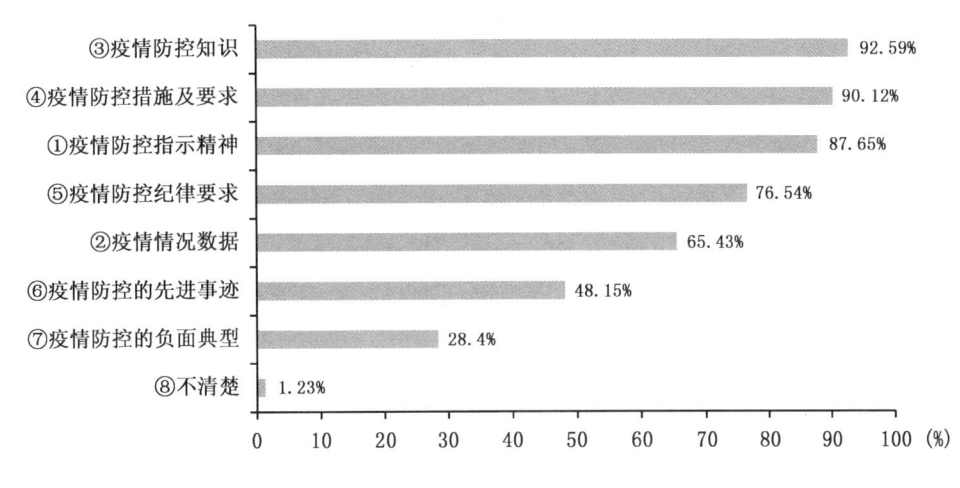

```
③疫情防控知识              92.59%
④疫情防控措施及要求          90.12%
①疫情防控指示精神            87.65%
⑤疫情防控纪律要求            76.54%
②疫情情况数据               65.43%
⑥疫情防控的先进事迹          48.15%
⑦疫情防控的负面典型          28.4%
⑧不清楚                    1.23%
```

图11-6 村党支部在疫情防控宣传内容方面的侧重

(二)聚焦典型宣传,主动挖掘报道抗疫斗争中的生动事迹

在这场疫情防控阻击战中,金华广大党员干部、医护人员、社区干部、公安民警、新闻工作者、志愿者等群体,英勇无畏、义无反顾地冲在疫情防控第一线,上下一心、众志成城,做好疫情防控工作,筑起了护佑人民健康的钢铁长城,涌现出了一批抗疫先进集体和个人。这些感人事迹触动了人们的心灵,让我们深切感受到舍己为人、无私奉献的精神。调查显示,疫情防控中先进事迹宣传也是各村党组织宣传工作的重点内容,有48.15%的村党支部开展过典型事迹宣传。

(三)聚焦宣传媒介,采用形式多样、农民群众喜闻乐见的宣传形式

在全媒体时代,疫情防控宣传需要充分利用多媒体技术,遵循信息传播规律和现实条件,针对不同平台设计新闻内容和不同话语风格,既要有中央媒体的高屋建瓴,也要有村里"大喇叭"的真切朴实。调查显示,金华农村基层党组织因地制宜,采用多形式、多平台的宣传途径。其中,专题会议占比80.25%;各村还很好地采用了传统的橱窗、展板以及乡村特色——大喇叭广播,占比分别为80.25%、72.84%和71.6%(见图11-7)。

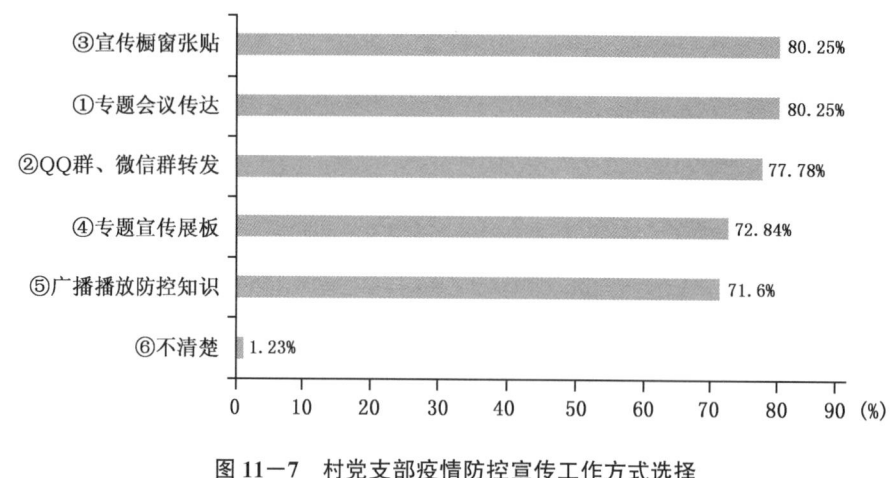

图 11-7 村党支部疫情防控宣传工作方式选择

第二节 党旗在农村疫情防控第一线高高飘扬

2020年，金华农村地区疫情防控第一线充分彰显了党建引领力。回顾金华农村地区疫情防控这场没有硝烟的战争，从指挥者到第一线的战"役"主力军，处处体现出基层党组织的领导力、执行力和战斗力。

一、充分体现了农村党组织的战斗堡垒作用

调查走访的村基层党组织在落实上级疫情防控部署中均能靠前指挥；网格管理中，村支部书记均为网格主要负责人，承担着本村防控第一责任；村委班子成员均能率先垂范，带队奋战在抗疫一线，承担着排查外地返程人员、开展定期随访、做好村庄进出管理以及村内公共场所管控、帮助村民集中采购生活物资、做好防疫指令和防疫知识的宣传等各项具体工作。村基层党组织是农村疫情防控的枢纽，对上学习领会防控任务，向下贯彻落实防控各项要求，努力做到上情下达、下情上传，村基层党组织工作到不到位直接关系到防控网格织得紧不紧、密不密，基层党组织的战斗堡垒作用在疫情防控中得到了充分体现。

调查组对执勤人员的组成进行了调查，81名采访者中，部分采访者具有多重身份，如大学生党员、党员同时为社区（村）两委成员。如图11-8所示，社区（村）两委成员的比例最高，占比高达95.06%；其次是普通党员，比例达88.89%；普通群众占比为59.26%；大学生志愿者比例较低，为39.51%。由此可见，在疫情防控中，党员队伍，尤

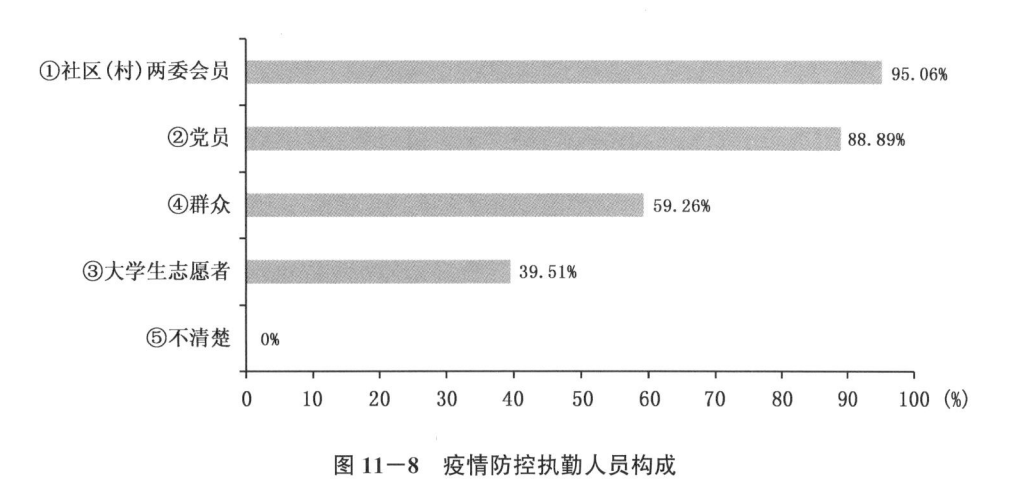

其是党员干部队伍起着至关重要的带头作用。

①社区(村)两委会员　95.06%
②党员　88.89%
④群众　59.26%
③大学生志愿者　39.51%
⑤不清楚　0%

图11—8　疫情防控执勤人员构成

二、充分发挥了党员干部的先锋模范作用

一个党组织就是一座堡垒,一名党员就是一面旗帜。疫情发生以来,在没有硝烟的战场上,广大党员干部冒着被病毒感染甚至牺牲生命的危险,夜以继日忙碌在第一线。堡垒无言,却能凝聚强大力量;旗帜无声,却能鼓舞磅礴斗志。调查组深刻感受到农村基层党员带头奋战在防控第一线,展示了党员干部的英雄本色,发挥了党员的先锋模范作用。

调查显示,92.59%的受访人员表示知道所在村党支部成立了党员先锋队,85.19%的受访人员表示知道有志愿服务队,受访者表示关键岗位和重要节点均有党员带队,绝大多数党员发挥了先锋模范作用。

三、充分彰显了为人民服务的根本宗旨

疫情防控关系千家万户,牵动平安健康,基层村干部在防控中把村民的身体健康放在第一位,始终把人民至上揣在心里、落到实处,哪里任务险重、哪里就要有党组织,哪里有困难、哪里就有党员站在第一线。在人民群众受到健康威胁的紧要关头,党员干部牢固树立了为人民服务的根本宗旨,认真考虑村民的实际困难,努力解决村民面临的实际问题。调查显示,88.89%的村党组织安排专人为隔离家庭购买生活必需品、处理生活垃圾等,67.9%的村党组织发布居家观察人员采取的防控措施。

第三节 "不忘初心、牢记使命"主题教育的一次深刻实践

开展"不忘初心、牢记使命"主题教育是党的十九大做出的一项重要决策。2019年9月11日金华市召开"不忘初心、牢记使命"主题教育工作会议,随后各县(市、区)陆续召开工作会议,各级党组织动员广大党员干部以走在前列的政治自觉,高标准推进主题教育。2020年初,突如其来的新冠肺炎疫情席卷了中华大地,疫情防控工作的组织成效正是"不忘初心、牢记使命"主题教育的"试金石"。通过走访调研,调查组强烈地感受到,金华农村党组织在此次疫情防控工作中的初心体现和使命担当,广大党员干部把打赢疫情防控阻击战作为检验主题教育成效和巩固主题教育成果的一次自我考验。

一、理论学习有收获——深刻领会疫情防控政策要求

习近平总书记在"不忘初心、牢记使命"主题教育工作会议上强调:"理论学习有收获,重点是教育引导广大党员干部在原有学习的基础上取得新进步,加深对新时代中国特色社会主义思想和党中央大政方针的理解,学深悟透、融会贯通,增强贯彻落实的自觉性和坚定性,提高运用党的创新理论指导实践、推动工作的能力。"基层党组织在开展疫情防控工作时首先要准确把握党中央关于疫情防控重要指示精神,学懂弄通上级疫情防控政策规定,深刻把握以人民为中心思想的丰富内涵,一切为了人民,紧紧依靠人民。调查组在访谈中深刻地体会到金华农村基层党组织在疫情防控期间坚持理论学习不放松,深入学习领会疫情防控各项政策规定。在调查村党支部投入精力最多的防控措施时,如图11-9所示宣传疫情防控知识的占比达82.72%,这也从侧面反映了通过"不忘初心、牢记使命"主题教育洗礼后,理论学习成为一种常态。

二、思想政治受洗礼——坚决保持思想行动高度一致

习近平总书记在"不忘初心、牢记使命"主题教育工作会议上强调"思想政治受洗礼",就是要求广大党员干部在思想上来一次升华,着力增强"四个意识",坚定"四个自信",做到"两个维护"。在疫情防控这场没有硝烟的战争中,"思想政治受洗礼"的突出表现就是坚决贯彻落实以习近平同志为核心的党中央各项决策部署,以履职尽责的实际行动体现对党绝对忠诚。

调研显示,对于党员参与疫情防控积极性情况,90.12%的受访者认为党员表现得非常主动积极,9.88%的受访者认为党员需要动员后主动参加,而没有党员存在"有时存在

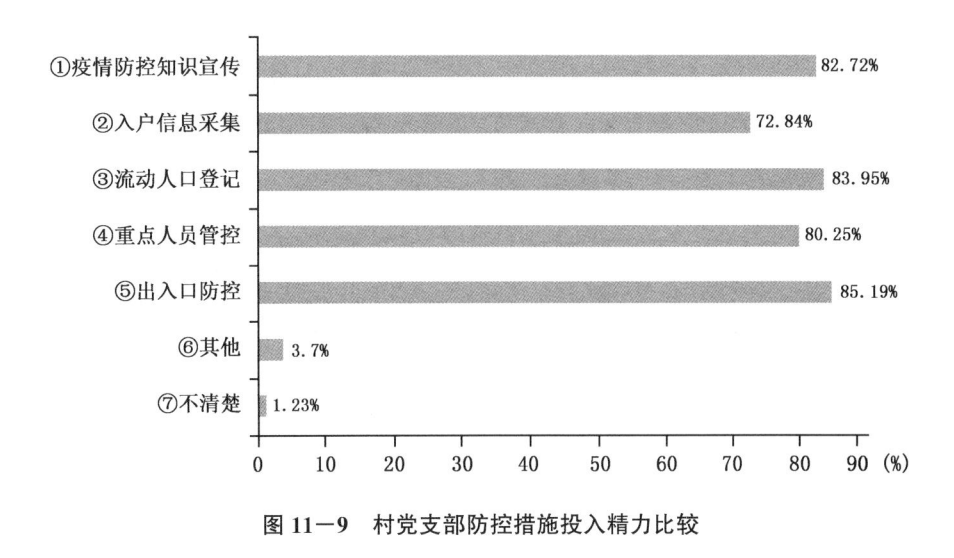

项目	百分比
①疫情防控知识宣传	82.72%
②入户信息采集	72.84%
③流动人口登记	83.95%
④重点人员管控	80.25%
⑤出入口防控	85.19%
⑥其他	3.7%
⑦不清楚	1.23%

图 11－9　村党支部防控措施投入精力比较

被动和表露出不情愿情绪""非常不愿意参加"的情况(见图 11－10)。

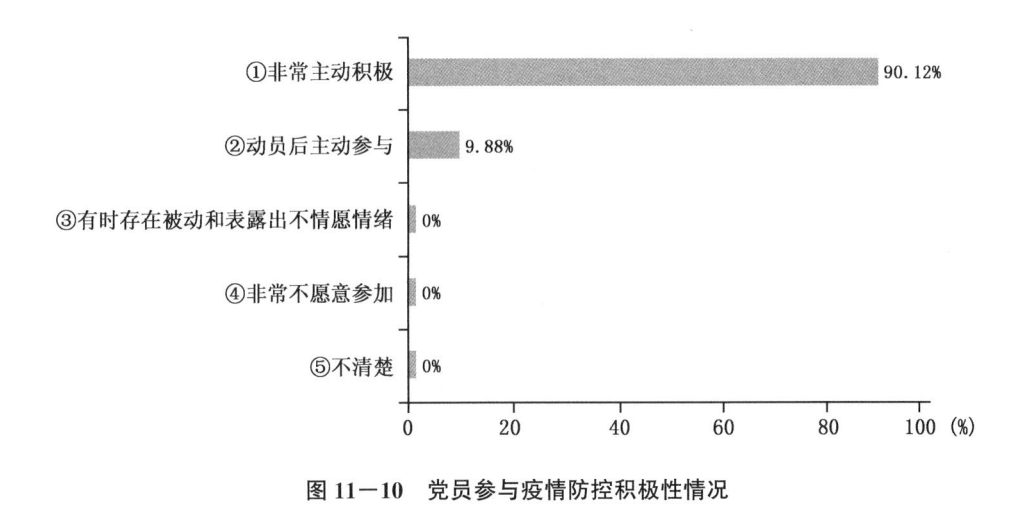

项目	百分比
①非常主动积极	90.12%
②动员后主动参与	9.88%
③有时存在被动和表露出不情愿情绪	0%
④非常不愿意参加	0%
⑤不清楚	0%

图 11－10　党员参与疫情防控积极性情况

三、干事创业敢担当——充分彰显不畏艰险斗争精神

习近平总书记曾指出,我们现在所处的,是一个船到中流流更急、人到半山路更陡的时代,是一个越进越难、越进越险而又不进则退、非进不可的时候,我们的使命更光荣、任务更艰巨、挑战更严峻、工作更伟大。在新冠肺炎疫情暴发之际,人民群众生命安全受到严重威胁。越是在这个时候,越是需要每一名党员不忘初心、牢记使命,面对急难险重任务不退缩,勇于攻坚克难不含糊,迎接严峻挑战不胆怯;越是需要"我是党员跟我上、越是艰险越向前"的忠诚与胆识。调研显示,受访者表示村党支部党员在疫情防控中能够不

畏艰险、勇于担当的占比93.83%,认为"大部分能做到、个别不担当"的占比为6.17%,"部分不担当"和"大部分不担当"的占比均为零(见图11-11)。可见,经过自上而下近一年的"不忘初心、牢记使命"主题教育活动,绝大多数党员干部在疫情防控这个大考中充分彰显不畏艰险的斗争精神,初心得到进一步锤炼和洗礼。

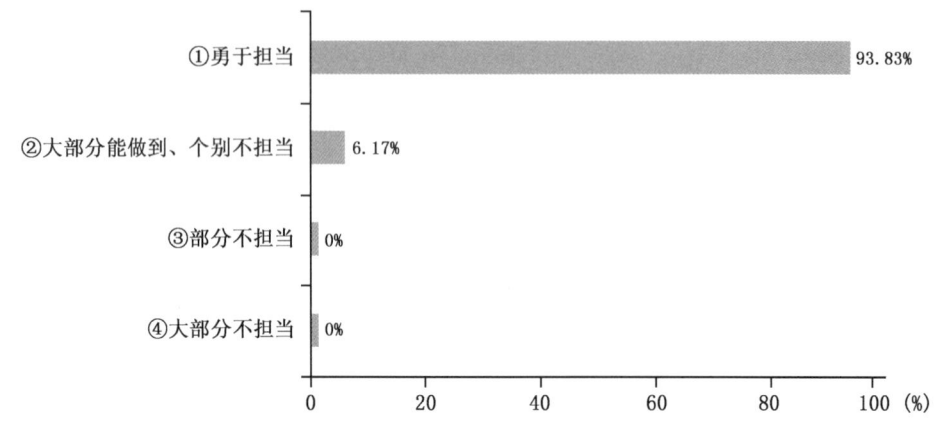

图11-11 村党支部党员在疫情防控中不畏艰险、勇于担当表现情况

四、为民服务解难题——始终坚持以人民为中心根本立场

为民服务解难题是"不忘初心、牢记使命"主题教育具体目标之一。习近平总书记在主题教育大会上强调:"为民服务解难题,重点是教育引导广大党员干部坚守人民立场,树立以人民为中心的发展理念,增进同人民群众的感情,自觉同人民想在一起、干在一起,着力解决群众的操心事、烦心事。"新冠肺炎对人民群众生命安全和身体健康造成威胁的同时,给日常生活也造成了极大的不便,因此在疫情防控工作中要求党员干部要始终坚持以人民为中心的根本立场,想群众之所想、急群众之所急、解群众之所困。调研显示,金华农村地区基层党组织在开展疫情防控工作时切实从人民的根本利益出发,尽最大努力满足人民群众基本生活需要,特别是加强对失能老人、低保户、残疾人等生活困难群众的基本保障。有效的疫情防控和切实的生活保障,使人民群众有了实实在在的安全感。调查显示,97.53%的受访者表示村党支部为村民提供了基本生活保障措施(见图11-12)。

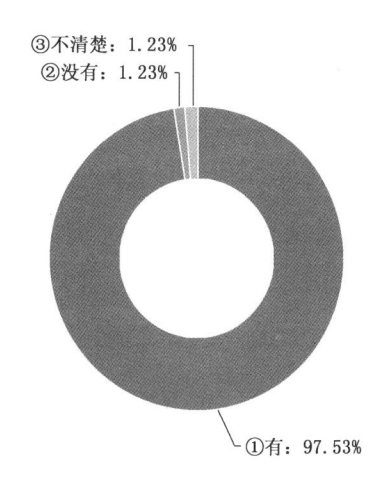

③不清楚：1.23%
②没有：1.23%
①有：97.53%

图 11-12　村党支部在疫情期间是否给居民提供基本生活保障措施

五、清正廉洁作表率——时刻体现为民务实政治本色

清正廉洁作表率，重点是教育和引导广大党员干部保持为民务实的清廉本色，坚决预防和反对腐败，清清白白为官，老老实实做人，踏踏实实干事。一支政治责任感强和作风状态良好的党员干部队伍是打赢疫情防控阻击战的重要保障。在调研走访中，受访的农村基层党组织坚持严字当头，明确任务，层层落实，责任到人，广大党员干部能够服从指挥、身先士卒，把各项疫情防控措施做实做细做到位。关于疫情防控"党员亮身份"的调查显示，79.01%的受访者表示"都能够主动做到"，18.52%的受访者表示"基本主动做到"，"基本做到"和"少部分没有做到"仅占2.46%（见图11-13）。"党员亮身份"代表的是一面旗帜，彰显的是一份责任，在疫情防控工作中更要主动接受人民群众监督，处处当先锋、事事作表率。

⑤有党员拒绝：0%　⑥不清楚：0%
④少部分没有做到：1.23%
③基本做到：1.23%
②基本主动做到：18.52%
①都能够主动做到：79.01%

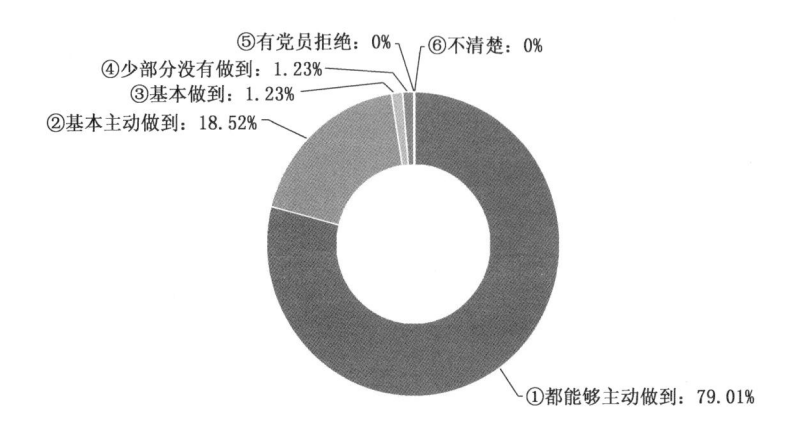

图 11-13　在疫情防控中"党员亮身份"情况

第十二章

金华农村地区疫情防控措施及成效

新冠肺炎疫情是新中国成立以来,传播速度最快、感染范围最广、防控难度最大的重大突发公共卫生事件。面对来势汹汹的疫情,在以习近平同志为核心的中共中央坚强领导下,"全国上下贯彻'坚定信心、同舟共济、科学防治、精准施策'总要求,采取最全面、最严格、最彻底的防控措施,有力扭转了疫情局势,用一个多月的时间初步遏制了疫情蔓延势头,用两个月左右的时间将本土每日新增病例控制在个位数以内,用三个月左右的时间取得了武汉保卫战、湖北保卫战的决定性成果,疫情防控阻击战取得重大战略成果,维护了人民生命安全和身体健康,为维护地区和世界公共卫生安全做出了重要贡献"[①]。调研组通过收集和梳理我国疫情防控开展情况,重点对农村地区疫情防控进行了分析研究,并通过实地走访、问卷填报的形式对金华地区64个行政村的疫情防控措施开展情况进行了调研,客观反映出金华农村地区防控工作的整体面貌。

第一节 全国疫情防控举措总体情况

2020年6月7日,国务院新闻办公室发布《抗击新冠肺炎疫情的中国行动》白皮书,白皮书第二部分对我国疫情防控措施进行了概括总结,指出"面对突发疫情侵袭,中国把人民生命安全和身体健康放在第一位,统筹疫情防控和医疗救治,采取最全面最严格最彻底的防控措施,前所未有地采取大规模隔离措施,前所未有地调集全国资源开展大规模医疗救治,不遗漏一个感染者,不放弃每一位病患。"白皮书把我国采用的疫情防控举措概括为以下5个方面:

[①] 中华人民共和国国务院新闻办公室. 抗击新冠肺炎疫情的中国行动白皮书[EB/OL]. http://www.scio.gov.cn/ztk/dtzt/42313/43142/index.htm.

一、建立统一高效的指挥体系

在以习近平同志为核心的中共中央坚强领导下,建立中央统一指挥、统一协调、统一调度,各地方各方面各负其责、协调配合,集中统一、上下协同、运行高效的指挥体系,为打赢疫情防控的人民战争、总体战、阻击战提供了有力保证。

二、构建全民参与的严密防控体系

迅速开展社会动员、发动全民参与,坚持依法、科学、精准防控,在全国范围内实施史无前例的大规模公共卫生应对举措,通过超常规的社会隔离和灵活、人性化的社会管控措施,构建联防联控、群防群控防控体系,打响抗击疫情人民战争,通过非药物手段有效阻断了病毒传播链条。

三、全力救治患者、拯救生命

医疗救治始终以提高收治率和治愈率、降低感染率和病亡率的"两提高""两降低"为目标,坚持集中患者、集中专家、集中资源、集中救治"四集中"原则,坚持中西医结合,实施分类救治、分级管理。对重症患者,调集最优秀的医生、最先进的设备、最急需的资源,不惜一切代价进行救治,大幅度降低病亡率;对轻症患者及早干预,使其尽可能在初期得以治愈,大幅度降低转重率。

四、依法及时公开透明发布疫情信息

以对生命负责、对人民负责、对历史负责、对国际社会负责的态度,建立最严格且专业高效的信息发布制度,第一时间发布权威信息,速度、密度、力度前所未有。持续、权威、清晰的疫情信息,有效回应了公众关切、凝聚了社会共识,为其他国家提供了参考和借鉴。

五、充分发挥科技支撑作用

坚持以科学为先导,充分运用近年来科技创新成果,组织协调全国优势科研力量,以武汉市为主战场,统筹全国和疫情重灾区,根据疫情发展不同阶段确定科研攻关重点,坚持科研、临床、防控一线相互协同和产学研各方紧密配合,为疫情防控提供了有力科技支撑。坚持科研攻关和临床救治、防控实践相结合。运用大数据、人工智能等新技术开展防控。[1]

第二节　金华农村地区疫情防控措施总体情况

截至2019年末,金华市下辖2个区、3个县,代管4个县级市,全市共有147个乡镇(街道),394个社区居委会、2 850个村委会,乡村人口267.72万人,占全市总人口的54.42%。[2] 全市超过半数以上人口生活在乡村。2020年初疫情暴发正逢农村地区务工人员返乡高峰期,人员流动活跃、人口聚集频繁,因此农村地区疫情防控成为打好新冠肺炎疫情防控阻击战中的薄弱环节和关键环节。调研组通过查询资料,并结合实地走访和问卷调查的方式,对金华农村地区疫情防控措施的落实情况进行总结。

一、统一部署、明确责任

金华农村地区严格执行中央、省、市的统一部署,迅速建立县(市、区)统一指挥、乡镇(街道)组织协调实施、村(社区、网格)为作战单元的责任体系,乡镇(街道)党(工)委、政府负责所辖农村地区疫情防控;各村(社区)也迅速成立了以村党支部书记为组长,村"两委"班子成员、党员为骨干的应急防控队伍,建立防控制度,统一指挥。在村人员要服从村应急防控统一管理,及时按要求报告个人状况,自觉遵守个人疫情防控要求,做到不隐瞒、不聚集、不阻扰、不盲目停止生产的"防控四不要";积极移风易俗,倡导文明新风,养成健康生活习惯。[3] 金华农村地区疫情防控的政策汇总如下(见表12-1):

表12-1　　　　　金华农村地区疫情防控相关措施及工作方案汇总

序号	发布时间	发布单位	政策名称
1	2020年2月6日	浙江省新型冠状病毒肺炎疫情防控工作领导小组办公室	《浙江省农村地区新型冠状病毒感染的肺炎疫情防控工作指南(暂行)》
2	2020年2月6日	金华市新型冠状病毒肺炎疫情防控工作指挥部办公室	金华疫情防控15条严管措施

---

[1] 中华人民共和国国务院新闻办公室. 抗新冠肺炎疫情的中国行动白皮书[EB/OL]. http://www.scio.gov.cn/ztk/dtzt/42313/43142/index.htm.
[2] 数据来源:《金华市统计年鉴2020》。
[3] 浙江省新型冠状病毒肺炎疫情防控工作领导小组办公室,关于印发《浙江省农村地区新冠肺炎疫情防控工作方案》的通知,2021年1月。

续表

序号	发布时间	发布单位	政策名称
3	2020年2月8日	浙江省农办、省农业农村厅	《当前农村地区新型冠状病毒感染的肺炎疫情防控应急15条措施》
4	2021年1月13日	浙江省新型冠状病毒肺炎疫情防控工作领导小组办公室	《浙江省农村地区新冠肺炎疫情防控工作方案》
5	2021年1月28日	金华市新型冠状病毒肺炎疫情防控工作指挥部办公室	关于加强冬春季和春节期间新冠肺炎疫情防控工作十条措施

二、令行禁止、严防死守

在疫情暴发初期，金华农村地区以村为作战单元，坚持全民排查、全民监督、全民防疫，打造人人参与、互帮互督、严防严控、群防群控、稳防稳控的有利格局，有效实现防输入、防扩散、防蔓延、防输出。每个村要各自为战，关好自己门、守好自己路、管好自己人。每个自然村均设置进村路卡，指派工作人员把关，对进村人员、车辆认真盘查，安排专人负责重点询问、测量体温、信息登记和发放疫情防控资料。

三、突出重点、统筹兼顾

金华农村地区疫情防控紧扣上级要求，重点做好信息排摸，全面摸清人员底数；全面摸清防疫物资、设施等底数；全面摸清村内企业、学校、医院、粮库、养殖场等各类单位底数。重点做好隔离人员防控，对来自或途经国内疫情高风险地区的来金返金人员实行"7+7"健康管理措施，即"7天居家健康观察＋7天日常健康监测"；对居家隔离人员，做好规范隔离防控，同时又要兼顾隔离人员的日常起居。问卷调查显示，受访者所在村加强对密切接触者的间歇排查，并进行严格的居家隔离与健康监测的比例最高，占比92.59%；在此同时，为隔离家庭购买生活必需品，处理生活垃圾的比例也高达88.89%，可见金华农村地区在疫情防控过程中能够遵循兼顾原则，把"严管"和"关爱"相结合，提升群众的满意度（见图12-1）。

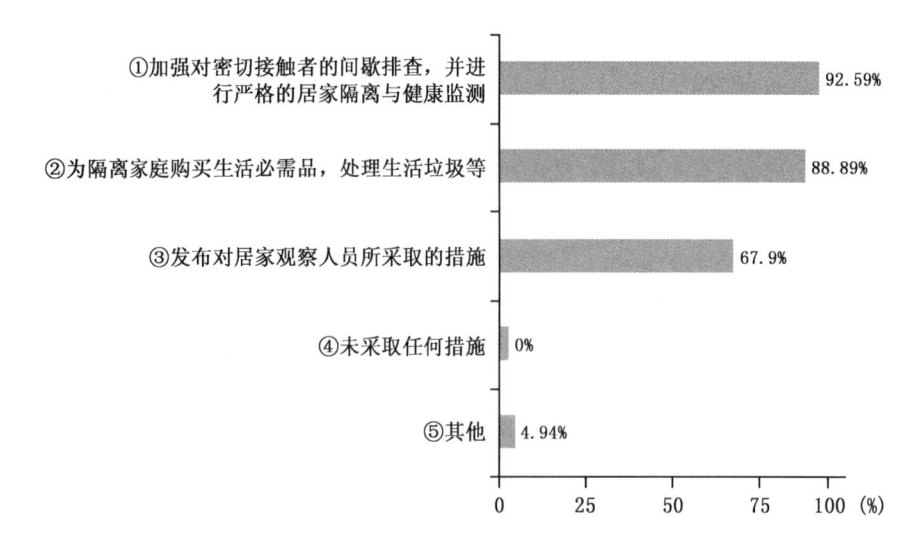

图 12－1　所在村对居家观察人员采取措施的实施情况

四、发动群众、联防联控

金华农村地区的防控实践表明,做好疫情防控必须牢牢依靠群众,各村在发动群众方面做了许多努力,有的村发挥妇女组织熟悉邻里、柔和心细等方面优势,开展宣传教育、上门排查、心理疏导、关爱帮扶等工作;有的村发挥民兵在巡逻、执勤、设卡方面的优势;有的村发挥老年协会、乡贤在稳定思想、调解协调等方面作用;有的村发挥村内"两代表一委员"和青年代表、村老乡贤的带头示范作用;有的村发挥农村基层医疗卫生机构和医务人员专业作用。调研显示,在参与疫情防控的人员中,除了村委和党员以外,普通群众参与比例高达 59.26%,大学生志愿者比例也达到了 39.51%,反映出群众积极参与所在村的疫情防控工作(见图 12－2)。

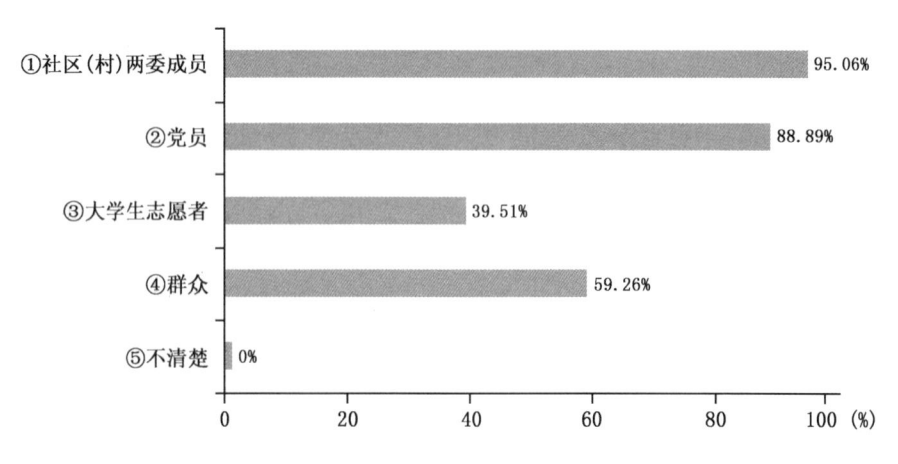

图 12－2　所在村疫情防控工作人员主要组成情况

第三节　金华农村地区疫情防控的主要措施

为进一步强化疫情管控,阻断疫情传播渠道,打赢疫情防控阻击战,金华全市严格实施"受控进出"的管控措施。农村地区疫情防控措施执行是否到位直接影响着全局,决定着整场抗疫战争的成败。

一、严防死守——织密农村疫情防控网

疫情防控,关键在防。根据金华市疫情防控要求,所有村庄实行封闭式管理;进出人员一律测温,并出具有效证件;外来人员和车辆一律严格控制,特殊情况由管理人员做好登记备案;对出现确诊病例的村组实行封闭式硬隔离。

(一)严格落实网格化管理

各村成立网格专班,由乡镇(街道)干部、村干部、基层医务人员、基层民警、若干网格员和志愿者组成,重点做好对返乡人员的管控,组织开展摸底排查、闭环管理、健康监测、环境卫生整治、日常生活保障,配合做好流行病学调查和应急处置等工作。问卷调查显示,46.91%的受访者表示其所在村建立了3级网格管理体系,20.99%的受访者表示所在村建立了4级网格管理体系,16.05%的受访者表示所在村建立了5级网格管理体系。由此可见,以网格为疫情防控基础单元成为有效隔断疫情传播的重要手段(见图12-3)。

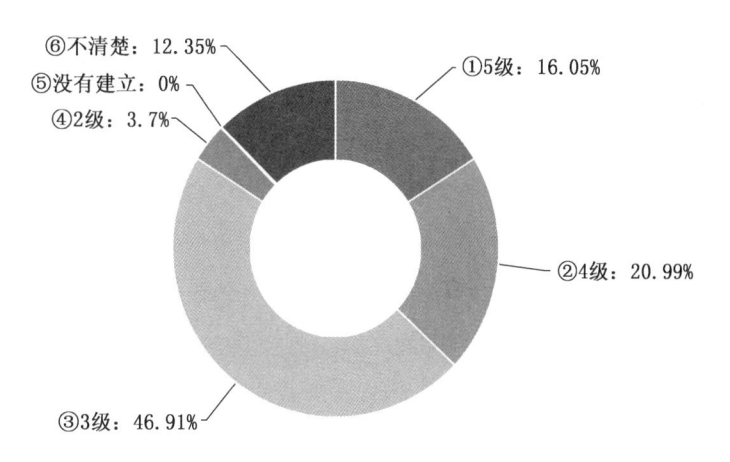

图12-3　所在村建立疫情防控网格化体系的情况

(二)严格重点场所监管制度

调查组走访的各个村均能做好重点场所、重点人群聚集性疫情防控和处置;加强老年人、儿童、孕产妇、学生、医务人员等重点人群健康管理;加强文化礼堂、养老院、民宿、超市、乡镇企业、手工作坊、学校、农贸市场、风景区等人员聚集的重点场所的管控;严格做好预防性消毒、佩戴口罩、亮码测温及卫生保洁等日常防控工作。

(三)严格外来车辆和人员管理

走访调研的各个村基本上设置了进出卡口,防控前期,对市外进入的非金华籍车辆、非金华籍人员,采用一律予以劝返的方式;对不能劝返的人员,一律开展14天集中隔离或居家隔离医学观察。对重点地区返回人员的界定严格执行动态调整的原则,疫情初期重点排查出从湖北返回人员,后来又扩大至温州、台州等省内重点地区;情况严峻后,凡从金华市以外返回人员均采取居家观察措施,对重点人员严格做到"追踪到人、登记在册、社区管理、上门观察、规范运转、异常就医"。为做好外来车辆、人员管控,村口设置关卡,登记出入车辆和人员信息的占比为91.36%,基本上做到全覆盖;对返程人员进行信息登记,电话或者入户走访的比例也高达90.12%。

二、守望相助——联合解决村民实际困难

在织密疫情防控网的同时,各村坚持以人民为中心的工作理念,时刻考虑村民面临的实际困难,重点解决了因村民在面对突发公共卫生事件时,所面临的身心健康问题、认知行为转变以及基本生活物资保障等难题。

(一)加强村民健康教育

调研显示,疫情防控期间受访村对健康教育的重视程度非常高,村民对新冠肺炎的相关健康知识关注度高。许多村充分利用村内大喇叭、微信群、宣传车、宣传单、横幅等宣传方式,提高村民疫情防控意识。强化个体责任意识,自觉落实居家隔离以及跨地区旅行后隔离14天等防控要求,严格执行外出佩戴口罩、保持社交距离、减少聚集等防护措施,养成勤洗手、常通风等良好生活习惯。问卷调查显示,81.48%的受访者表示其所在村"向村民发放问卷、告知书、新冠肺炎宣传资料等并科普疫情防控知识",83.95%的受访者表示其所在村"通过广播、无人机等督促村民佩戴口罩出行,阻止出现多人聚会情况"(见图12—4)。

(二)加强生活物资流通

相较于城镇,农村基本生活物资的供应有明显的优势,一方面金华农村地区在冬季有许多时令蔬菜种植,家禽、水产养殖家庭也较多;另一方面金华农村地区开始封闭管理

①设卡点登记村民信息和测量体温 96.3%
②向村民发放问卷、告知书、新冠肺炎宣传资料等,科普疫情防控知识 81.48%
③成立相关微信群,通过微信、微信公众号发布疫情相关信息 88.89%
④为村民做心理疏导工作 66.67%
⑤通过广播、无人机等督促村民佩戴口罩出行,阻止出现多人聚会情况 83.95%
⑥没有工作者进行疫情防控工作 11.11%
⑦不清楚 0%

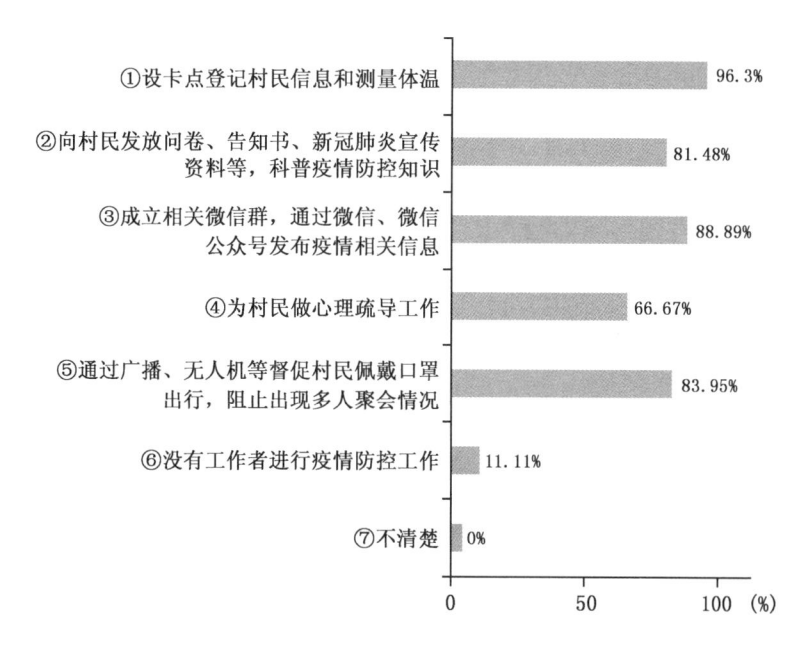

图 12-4 所在村在疫情防控期间加强村民健康教育的措施

的阶段也正值春节前后,各家各户基本上都囤积了一些基本生活物资。但是由于公交停运、集市休市,加上为了"外防输入、内防扩散",减少人员流动,各个村庄都实行闭环管理,对村民采购生活物资造成了诸多不利的影响。调研显示,20.99%的受访者表示"缺少口罩等医疗物资",7.41%的受访者表示"基本生活物资难以保障",11.11%的受访者表示"服务机构关停,生活性服务减少"。因此,许多村增设了"红色代购员",各村口设置了快递代收点。为了使生活物资更加快捷地送到村民手中,各村也积极会同相关部门及时畅通农村物流配送通道,千方百计增加乡村物资供应。

(三)加强心理健康帮扶

疫情防控过程中,一些农村居民尤其是老幼孤寡等特殊群体,由于对病毒本身的陌生感产生的不安,以及长时间半封闭管理带来的隔阂,其心理问题不容忽视。另外,原本在春节期间,大家会相互走访,但疫情防控期间,为减少人员聚集,人员流动受阻,导致农村平时独居的空巢老人心理的失落感加剧。调研显示,9.88%的受访者表示由于封闭管理造成"脱离人群的不适感"。受访的农村党支部均将心理危机干预纳入疫情防控措施,妥善处理疫情防控中村民的思想和心理问题,采用了许多积极措施加强思想引导和心理疏导,培育村民理性平和、积极健康的心态,及时预防化解涉疫矛盾纠纷,为老百姓排忧解难(见图 12-5)。问卷调研显示,66.67%的受访者表示其所在村能够做到"加强心理帮扶,及时走访有困难家庭"。

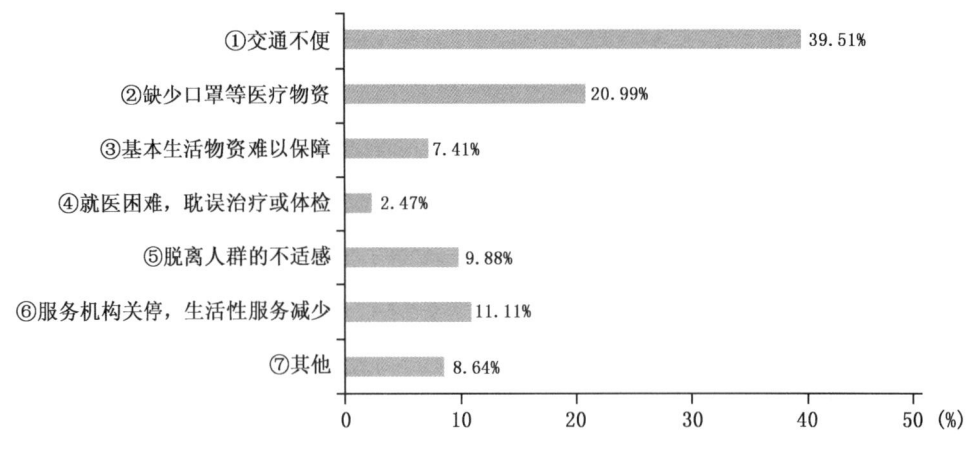

①交通不便 39.51%
②缺少口罩等医疗物资 20.99%
③基本生活物资难以保障 7.41%
④就医困难，耽误治疗或体检 2.47%
⑤脱离人群的不适感 9.88%
⑥服务机构关停，生活性服务减少 11.11%
⑦其他 8.64%

图12-5 疫情对所在村居民造成的生活障碍

三、精密智控——发挥信息防"疫"积极作用

(一)及时发布疫情信息

我国积极借鉴以往经验，遵循流行病学规律，探索行之有效的方法手段，提出一系列行之有效的防控策略建议。及时准确地把疫情防控健康知识和疫情防控各项要求传达到全体村民是农村地区实现联网联控、群防群控的前提，使全体村民快速准确地掌握个人预防要求是关键。走访发现，金华农村地区能够充分利用网络优势，多渠道、多途径、多角度及时发布疫情信息，建立了微信、钉钉、QQ等在线平台；还充分发挥横幅、宣传栏和村广播等传统媒体的传播作用，努力实现疫情信息传播多方位、立体化、全覆盖。如图12-6所示，受访者所在村在疫情防控宣传内容侧重方面，排名第1的是"疫情防控知识"，占比达92.59%；排名第2的是"疫情防控措施及要求"，占比达90.12%；排名第3的是"疫情防控指示精神"，占比达87.65%。由此可见，金华农村地区做了大量的信息宣传工作，以确保广大农村居民能够及时准确地掌握各项防控知识和具体的防控措施及要求。

(二)精准落实防控措施

新型冠状病毒对于人类而言是一种新病毒，对其认识需要有一个过程。我国在研究制定疫情防控措施方面经过多次调整和修改，先后修订6版防控方案，针对重点人群、重点场所、重点单位发布15项防控技术方案、6项心理疏导工作方案。金华农村地区适用的疫情防控实施方案也有4~5个。由此可见，农村地区要不断地强化疫情防控政策学习，与时俱进把握最新指示精神和最新的工作要求。浙江农村地区的疫情防控网格专班

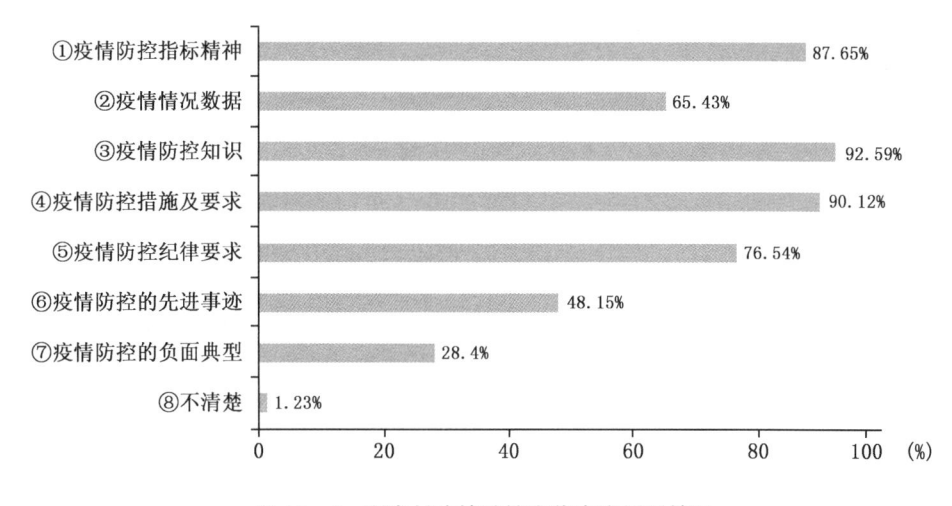

宣传内容	百分比
①疫情防控指标精神	87.65%
②疫情情况数据	65.43%
③疫情防控知识	92.59%
④疫情防控措施及要求	90.12%
⑤疫情防控纪律要求	76.54%
⑥疫情防控的先进事迹	48.15%
⑦疫情防控的负面典型	28.4%
⑧不清楚	1.23%

图 12－6　所在村疫情防控宣传内容侧重情况

人员涵盖乡镇干部、村干部的同时，也要求有1名医务工作人员参与共同组建，以增加疫情防控医学要求的专业性。据了解，为落实《浙江省卫生健康委办公室关于建立驻村（社区）疫情防控指导员制度的通知》（浙卫办〔2021〕5号）要求，落实"早发现、早报告、早隔离、早治疗"防控策略，一些农村地区启动实施驻村疫情防控指导员制度，把专业技术人员下沉到农村、社区、企业以及学校，切实提高基层疫情防控专业化水平。

（三）强化新技术运用

推行分区分级精准施策防控策略是有效防止风险扩散和恢复生产生活秩序的重要保障。我国疫情防控以县域为单位，依据人口、发病情况综合研判，划分低、中、高疫情风险等级，分区分级实施差异化防控，采取对应防控措施。低风险区严防输入，全面恢复生产生活秩序；中风险区外防输入、内防扩散，尽快全面恢复生产生活秩序；高风险区内防扩散、外防输出、严格管控，集中精力抓疫情防控。精准防控必须依靠大数据和人工智能的有效运用，通过数据分析和判断，依法开展疫情防控风险数据服务，对不同风险人群进行精准识别，预判不同地区疫情风险。大数据和人工智能还可以精准判定每一位患者和疑似病例的接触史和医学病例史，从而精准找到每一位潜在感染者。调研显示，金华农村地区对外来人员坚决采用"一问二查三看"措施，疫情防控初期，农村地区还采取了全封闭式管理，各村设卡，明确"谢绝一切外来人员进入"。问卷调查显示，受访者所在村设置关卡，登记出入车辆和人员信息的占比91.36%；90.12%的受访者所在村"对返程人员进行信息登记、电话或走访"；50.62%的受访者表示其所在村采取全封闭式管理；采取半封闭式管理的村比例达到53.09%（见图12－7）。

③ 设置关卡，登记出入车辆和人员信息　91.36%
④ 对返程人员进行信息登记、电话或入户走访　90.12%
① 采取半封闭式管理　53.09%
② 采取全封闭式管理　50.62%
⑤ 并未采取措施　1.23%
⑥ 其他　1.23%

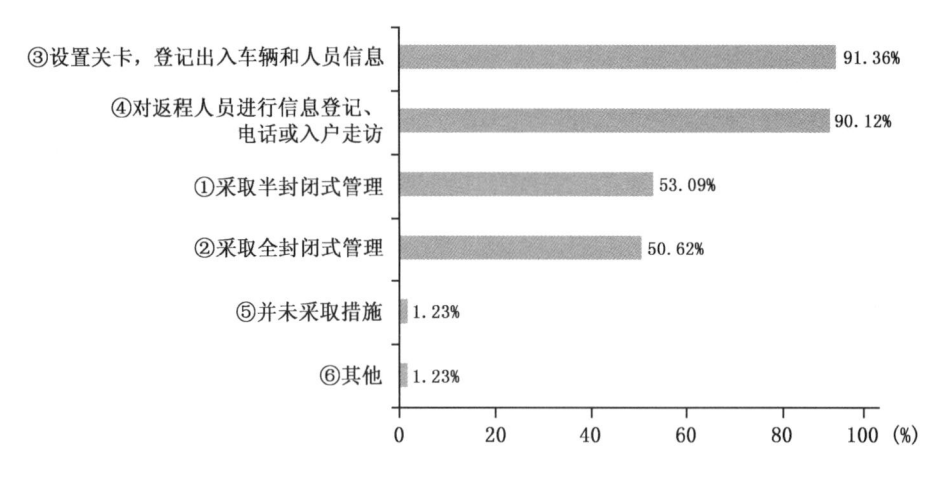

图12—7　所在村对外来人员的管控情况

(四)严格"三类三色"管理机制

金华地区农村采取的"三类三色"管理模式简单地说，就是充分运用"网格化＋大数据"，以小区、村庄、企业为最小作战单元，以全民申领"健康码"为基础，根据基层实际分别按绿色、蓝色、橙色分类分级落实管控措施，从而打造"精密型智控"的最小防控单元，实现"管住重点人、放行健康人"的防控目标。绿色防控单元，是指目前没有黄色预警以上人员，或者外来人口相对较少的小区、村、企业；蓝色防控单元，是指近14天内有过黄色预警人员，居家隔离对象较多，或者外来人口较多的小区、村、企业；橙色防控单元，是指近14天内有过确诊、疑似病例及其密切接触者，橙色预警人员较多，或者重点地区外来人口较多的小区、村、企业。调查显示，许多村正细化举措，把防控单元落细落小，使防控网络更加智慧精密。防控单元越小，安全保障就越大。以至今"零确诊"病例的磐安县为例，当地实行"颗粒化"管理，将全县14个乡镇(街道)划分为283个区域网格，每个网格严格执行"4＋N"(即网格长、网格指导员、网格警长、山城管事员＋若干个兼职管事员)管理，区域网格再被划分成6 853个红色小网格。同时，整合村居、学校、企业、社区共建单位力量，按照"就近就亲就便"原则认领排查，范围覆盖全县8.6万户居民、817家工业企业、75个建筑工地、60所学校(幼儿园)、25个小区，保证在撤销所有卡口的同时，牢牢把住疫情防控的"小门"。①

四、复工复产——支持农村经济恢复发展

2020年2月10日，中共浙江省委、浙江省人民政府出台了《关于坚决打赢新冠肺炎

---

① 杨林聪."三类三色"精密智控　管住"小区"疏而不漏[N].金华日报，2020—03—10.

疫情防控阻击战 全力稳企业稳经济稳发展的若干意见》，明确指出要坚持疫情防控和复工复产两手抓，坚定不移打赢疫情防控阻击战，稳妥有序打好经济发展总体战，从而确定了"两手抓、两战赢"的总体战略。农村地区在毫不放松加强疫情防控的同时，必须稳妥有序放开经济和社会活动，形成与疫情防控相适应的经济社会运行秩序，努力将疫情对农村经济活动的冲击降到最小，努力恢复农业生产。

(一)疫情对农业经济的影响

由于疫情发生在春节前后，也正处在农村的农闲期，对传统农业生产并没有太大的影响。对于种植业而言，其影响主要体现在销售渠道上，由于采取了封路管理的方式，农村实行了"村村封"等，这都给农产品的对外运输造成了很大的不便。对于养殖业而言，除了运输成本增加以外，由于不少屠宰单位暂时还没开工，销售可能遇阻。调查组对农村经济影响情况的调查显示，53.09%的受访者表示疫情对农业"有所影响"，22.22%的受访者认为"影响不大"，19.75%的受访者表示有"严重影响"，还有3.7%的受访者表示"毫无影响"(见图12-8)。

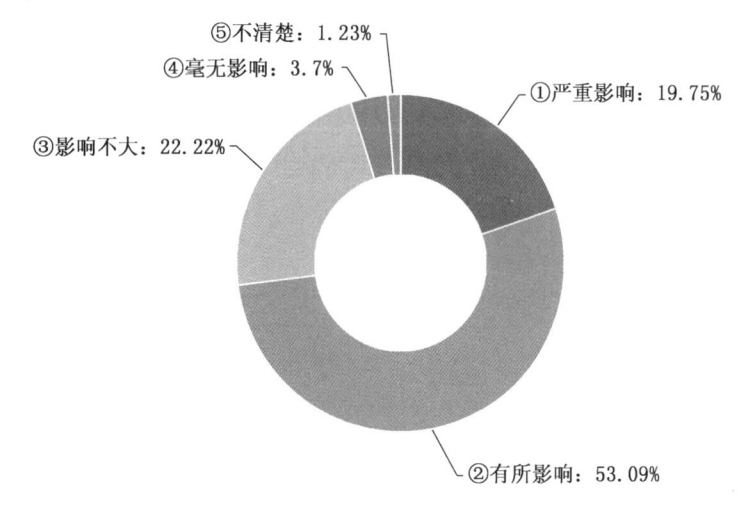

表12-8 疫情对所在村农业经济的影响

(二)尽快恢复农村经济发展

随着全国疫情防控形势积极向好，农村地区逐步从全封闭状态向半封闭状态转变，开始安排农贸市场、超市、便利店等场所营业时间，方便居民采购。公众日常生活逐步恢复，乡村公共交通全面恢复运行，餐饮门店有序开放。上级部门支持农业重点企业复工复产，有力保障畜禽水产养殖、饲料、兽药、屠宰、粮油食品加工等企业加快复产。组织春耕生产和农业生产恢复，支持农业生产资料生产、调运和供应。畅通农产品绿色通道，加大对本省蔬菜、生猪、水产等的收购力度,支持农贸市场、超市等维持正常营业秩序,确保"菜篮子"产品足量供给、价格稳定。问卷调查显示,受访者所在村采取的生产保障措施当中,选择最多的是"加强引导,协助经营业户严格落实日常防控措施",比例为86.42%;"助力生活必需的小超市、水果店、蔬菜店等经营性门店尽快恢复营业",比例为60.49%;"加强村辖区企业帮扶,助力复工企业解决人员紧缺、原料采购等困难,助力未复工企业解决资金压力大等困难"的比例为43.21%(见图12-9)。

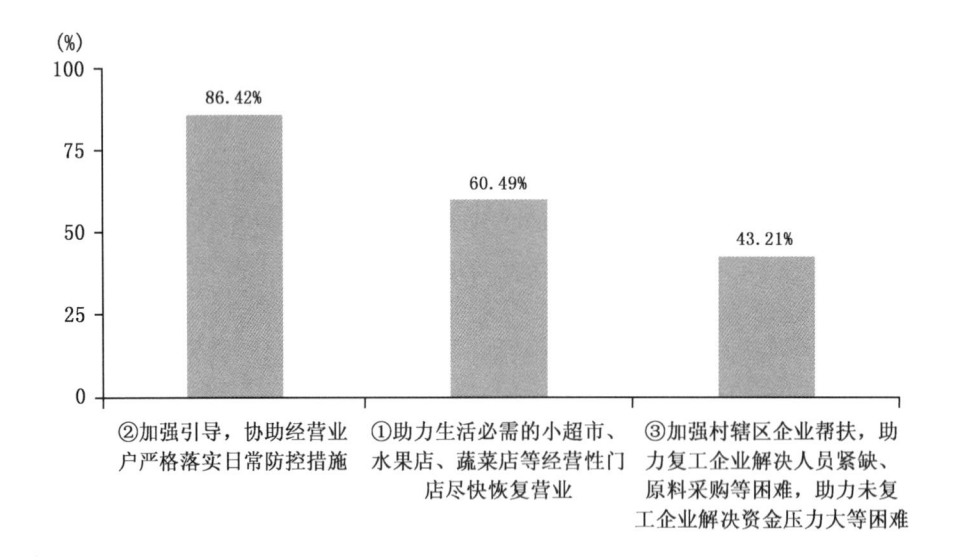

图12-9 所在村在疫情期间采取的生产保障措施

(三)尽快恢复和保障农村物流畅通

物流行业对各行各业的影响与日俱增,可以说是经济发展的动脉。受到此次疫情的冲击,广大物流企业生产经营受到较大影响,社会物流成本出现阶段性上升,物流运行不畅也不利于当前和下一步其他各行各业有序复工复产。对于经济活跃度与日俱增的金华农村地区,恢复正常物流不仅可以确保农村老百姓正常的生活物资流通,还可以让农产品尽快流通和销售,避免出现农产品积压滞销的不利局面。调研显示,金华农村地区一直保障快递收取,在村口设置了快递统一存放点,并进行必要的消杀,通过一系列的措施让老百姓的网购没有完全中断。另外农村地区也尽快恢复了车辆流通管理,逐步恢复正常生产生活出行车辆通达,对持有专用通行证的车辆不得拦截,坚决杜绝未经批准擅自设卡、断路阻碍交通等行为。为确保疫情防控物资和生产生活物资运输畅通,简化绿色通道查验手续和程序,确保不停车、不检查、不收费、优先通行,在正常情况下不对运输从业人员实施隔离观察措施。问卷调查显示,疫情保障措施中选择最多的是"加强物资供应,多渠道提供食物、口罩等物品的购买方式",占比达 90.12%,反映出恢复和保障农村物流畅通也是广大农村居民的重要需求(见图 12-10)。

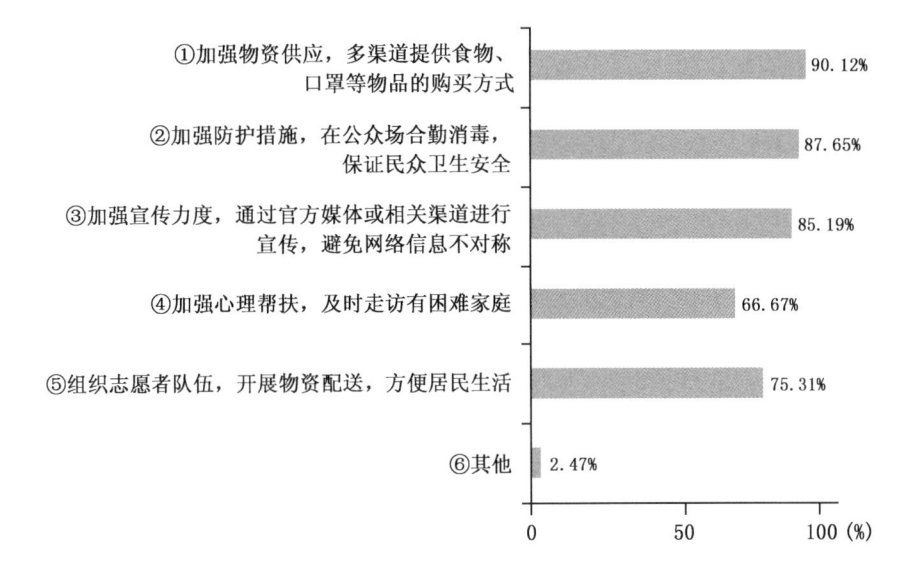

①加强物资供应,多渠道提供食物、口罩等物品的购买方式　90.12%
②加强防护措施,在公众场合勤消毒,保证民众卫生安全　87.65%
③加强宣传力度,通过官方媒体或相关渠道进行宣传,避免网络信息不对称　85.19%
④加强心理帮扶,及时走访有困难家庭　66.67%
⑤组织志愿者队伍,开展物资配送,方便居民生活　75.31%
⑥其他　2.47%

图 12-10　疫情期间所在村采取的生活保障措施

第十三章

农村地区疫情防控面临的挑战及对策

传染性疾病在某个地区传播蔓延一般需要具备三个条件：传染源、传播途径和易感人群。新冠肺炎疫情暴发正值春节，因此农村地区疫情防控工作面临的挑战较多，防控压力较大。2020年2月11日，国务院联防联控机制新闻发布会召开，介绍加强农村疫情防控有关情况。农业农村部相关负责人表示，党和国家高度重视农村地区的疫情防控工作，农业农村部提早部署，积极动员社会力量共同参与，迎难而上，抓住关键，把防控工作做在前面。2020年2月7日，浙江省农业和农村工作办公室、省农业农村厅印发《当前农村地区新型冠状病毒感染的肺炎疫情防控应急15条措施》，要求坚决做到"五个严禁""五个严格""五个强化"。政府主管部门和基层疫情防控第一线，都需要充分认识农村疫情防控形势的严峻性，认真分析研判农村地区疫情防控面临的挑战，总结制定有效的防控对策，为农村地区完善公共卫生服务体系提供理论和实践参考。

第一节 农村地区疫情防控工作面临的挑战

疫情发生以来，在党的坚强领导下，广大农村地区严密防控疫情，形成了以农村基层党组织为战斗堡垒、基层干部为疫情防控政策的具体执行者的全民参与抗疫体系，打响了一场全民防疫战，大大降低了病毒传播风险，有效保护了村民的生命和健康安全。调研组通过走访发现疫情防控的乡村治理工作取得了明显成效，有很多值得肯定和推崇的做法，但也存在一些短板和问题，面临着诸多挑战。

一、农村突发公共卫生事件应急管理

农村突发公共卫生事件应急管理组织体系是指农村在遇到公共卫生突发事件的应

急反应过程中,各组织之间及组织中各部门之间的指挥、服从、协同关系。近年来发生的公共卫生事件对农村地区健全公共卫生事件应急管理组织体系起到了推动作用,目前我国绝大部分地区的基层单位应急管理组织框架已基本建成,应急预案较为规范明确且相关法律法规已施行。但相较于国家突发公共卫生事件应急管理体系,农村突发公共卫生事件应急管理组织体系组织不健全、不合理、不规范等方面的问题依旧存在。

(一)应急管理体系组织不健全

2020年农村地区疫情防控工作暴露出应急管理体系中存在的诸多问题,调查组通过走访金华农村地区,访谈基层党组织相关人员,了解农村地区疫情防控工作开展情况。调查组感受到农村地区在应对突发公共卫生事件中组织管理体系不健全的突出问题,主要表现在两个方面。一是缺乏统一的应急决策指挥中心,农村基层组织在面对突发公共卫生事件时,常常表现出管理方式僵化、应急反应滞后、无人负责或多头领导等问题,导致盲目决策,或反复讨论却迟迟无决策结果,无法发挥应急管理组织体系的合力,延误应急反应时机。二是缺少常设卫生应急机构。中央、省、市卫生应急机构相对健全,而县(市、区)疾控机构由于自身体制原因至今仍挂靠于防控科或急性传染病防治科,县乡级医疗机构工作人员也很少。由于受政府投入等因素的制约,因此各县人员、设备和技术等资源配置规模存在明显的区域性差异,且缺乏规范性和基础性支撑。县乡级医疗卫生应急职能机构所面临的"不统一"效应或处置乏力弊端制约突发公共卫生事件处置服务水平及其可持续发展。

(二)应急管理能力较差

相较于城市,农村地区传染性疾病等重大疫情的应急管理能力较差,主要体现在以下三个方面。一是一些农村地区对于重大疫情的主动应急意识不足,应对能力不足。二是农村应急管理存在主动性不足的问题。农村具有典型的乡土社会性,长时间待在农村会产生一种自我安全感。随着农村发展逐渐加快,涉农的各种安全因素不断增多,但一些农民对此缺少清醒的认识。农村党员干部虽然在思想认识等方面比农民要强,但是对于应急管理的重视往往不足,准备不足,预警滞后。三是应急管理手段滞后。农村基础设施相对落后,信息相对闭塞,高科技手段在农村应急管理中的应用程度不高。

(三)农村医疗救助条件存在短板

农村地区医疗资源相对匮乏、医疗技术落后、医护专业人员不足,且医护人员普遍年龄偏大、学历偏低、知识结构老化。一些县城医院的隔离病房,救护设备、物资等捉襟见肘。到了乡镇一级,这种现象更为突出。调查走访发现,情况好的村设置了卫生所,但人员也就几名甚至只有一名村医。而且农村地区物流不便、零售业发展不平衡,很多农民甚至连基本的医护口罩都没有途径购买,缺乏基本的健康防护。

二、农村地区人力资源不足

做好疫情防控工作,建立有效的突发公共卫生事件应急管理体系需要充足的人力资源作为保障。首先,党员干部队伍是引领农村地区疫情防控的主心骨,建立一支政治素质过硬、敢于担当、乐于奉献、服务群众的干部队伍是关键;其次,以稳定高素质的乡贤、农村企业家为代表的精英群体是做好农村工作的重要保障;最后,疫情防控是对科学卫生保健知识的领会和运用,具备较高的文化水平的人更容易学习和理解农村地区面临人力资源不足的挑战,体现在以下三个方面。

(一)农村精英人群整体流失

随着我国城镇化进程的不断深入,农村精英群体向城市流动的趋势也在不断加速。改革开放以后,东部沿海地区经济高速发展,东部经济优势开始显现,并提供了巨大的就业机会,城市对农村人口的"虹吸效应"更加明显,具有初中文化水平的农民大多到城市就业务工,一个庞大的农村人口群体开始整体融入城市工业化进程中,这批农民工大军实际是处于当时农村知识、体力、能力"金字塔"顶层部分。[1]

(二)农村干部队伍能力水平不足

农民群众对疫情防控指挥中党员干部队伍整体是认可的,问卷调查显示,81.48%的受访者认为在疫情防控中党员干部"作用突出",认为"作用明显"的占比18.52%,认为"作用不明显"和"没有发挥作用"的占比均为0%(见图13-1)。

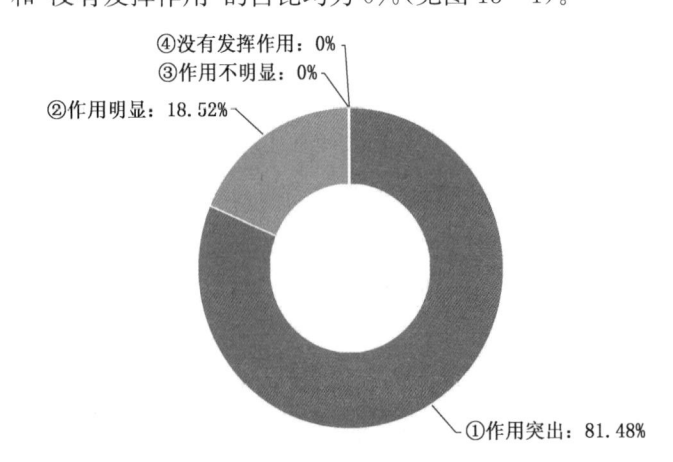

图13-1 党员干部在疫情防控中作用发挥评价

---

[1] 陈洋庚,胡军华.通往"乡村之治":挑战与出路——以"新冠"疫情防控中的江西为样本[J].农林经济管理学报,2020(4).

但群众对干部能力不突出的评价体现在：一是党员干部队伍开展工作主动意识、创造性思维和前瞻意识不强，大部分党员干部还是习惯于在上级明确指示后才开展工作，大部分村庄的封村设卡措施也是简单的一堵了之，对村民生活困难预计不足；二是党员干部队伍防控要求自身把握不准，在做政策解释时表现出理解不到位或"知其然但不知其所以然"的情况；三是党员干部"不住村"的现象值得警惕，受访村中有不少的村干部均在金华市区购房，白天工作，晚上还要赶回市里，导致对村里疫情防控的全程指导不足，也从客观上造成了对村情掌握不深入，应急处置不及时的困境。

（三）农村人口的文化水平有限，防护意识薄弱

农村人口的文化水平普遍不高，接收的外界讯息往往比较滞后，对疫情知识的了解有限，甚至有一部分人认为连非典疫情都经历过，此次也没必要小题大做，非常不重视自我防护。在很多农村地区，人们依旧举办宴席、举行聚会，平日的聚众赌博等场面在这个特殊时刻仍十分常见，且在人群聚集场所没有做任何防护措施，甚至有些人明明曾去过疫区或曾接触过疫区的人，却因为自身有意或无意的疏忽而瞒报或漏报，使得疫情防控工作愈加困难。

三、农村治理体系和治理能力现代化

推进乡村治理体系和治理能力现代化建设是实现乡村全面振兴、巩固党在农村执政基础、满足农民群众美好生活需要的必然要求。此次农村地区疫情防控工作也集中显露出农村治理体系和治理能力建设的问题及不足。

（一）农村疫情防控主体单一

调研显示，金华农村地区参与疫情防控的主体是党组织引领下的党员干部和村干部，而广大村民参与防控的积极性和主动性不足，一些地方组织动员农村青壮年群众参与疫情防控力度不够，农村志愿者主要局限于农村干部、党员和大学生志愿者。广大农村地区采取的仍旧是自上而下的单一治理模式，导致社区村民参与度低、积极性差，疫情防控的实效性较低。

（二）部分农村干部、群众法治意识较弱

单一的组织模式和上行下效的命令执行工作方式直接影响疫情防控工作的主观能动性发挥，一些乡村在开展疫情防控中不重视方式方法，简单地采取封村封路措施，破坏交通道路。有的基层干部执行防疫任务时与农民群众的沟通方式简单粗暴，甚至出现了"打砸"等涉嫌违法的行为。有的村医私自接诊发热病人，违反了传染病防治法。个别返乡人员隐瞒旅行史、接触史，导致多人被隔离观察，最终被追究法律责任。

(三)信息化治理手段运用有待强化

调研显示,农村地区在疫情防控工作中运用信息化的方式和手段落后,很多农村人员排摸、信息上报仍然以手工填表为主,工作量大、差错率高、信息滞后且无法动态调整。数据"信息孤岛"和"平台壁垒"的问题普遍,"互联网+"、人工智能、大数据等技术应用尚处于初级阶段,出入村管理的配套监控设备和监控系统运用少,无法有效降低人员工作负荷。

(四)防控形式主义问题较多出现

调研中,党员干部反映在疫情防控工作中大量的精力浪费在填写表格和上报材料中,应付上级的检查监督,以会议安排会议、以文件应对文件、以数字表格反映工作落实,"表格防控""形式防控"现象长期存在,导致疫情防控的力度和效度大打折扣。

第二节 疫情防控对农村地区提升乡村治理水平的启迪

疫情防控是对乡村治理能力的一次严峻考验,同时也是一次有效的实践。疫情防控中暴露出的乡村治理体制机制问题值得我们反思,不断发现问题、补齐短板,为提升乡村治理水平和治理能力不断总结经验,大力推进乡村治理体系建设。

一、不断加强党对乡村治理工作的全面领导

习近平总书记在2018年中央农村工作会议上强调,实施乡村振兴战略,必须加强和改善党对"三农"工作的领导,提高新时代党领导农村工作的能力和水平。此次疫情防控阻击战充分展现了党的领导的核心作用,再次证明了"办好农村的事,关键在党"的科学论断。

(一)抓实建强农村基层党组织

农村基层党组织是党在农村全部工作和战斗力的基础。要认真落实《中国共产党农村基层组织工作条例》,组织群众发展乡村产业,增强集体经济实力,带领群众共同致富;动员群众参与乡村治理,增强主人翁意识,维护农村和谐稳定;教育引导群众革除陈规陋习,弘扬公序良俗,培育文明乡风;密切联系群众,提高服务群众能力,把群众紧密团结在党的周围,筑牢党在农村的执政基础。要着力加强制度建设,全面落实村党组织书记县级党委备案管理制度,建立健全村务监督机制,健全村干部干事创业机制,选优配强乡镇领导班子特别是乡镇党委书记,推动农村基层党组织全面进步、全面过硬。

（二）不断健全乡村治理工作体系

党中央关于"三农"工作的路线方针政策，最终都要靠县乡村三级抓好落实。要根据县乡村三级各自的职能，明确重点、分级负责。县级是"一线指挥部"，不论是贯彻落实"三农"工作任务，还是化解农村各类矛盾问题，县级都是关键的环节。要加强统筹谋划，落实领导责任，强化大抓基层的工作导向，增强群众工作本领，建立县级领导干部和县级部门主要负责人包村制度。乡镇是为农服务中心，是面向农村、服务农民的区域中心。要结合实施乡村战略的需要，充实乡镇在农村人居环境整治、宅基地管理、集体资产管理、民生保障、社会服务等方面的工作力量，为农民提供基本的公共服务和比较完备的生产生活服务，使乡镇成为带动乡村发展的龙头。行政村是基本治理单元，是村民自治的主要载体，要强化自我管理、自我服务、自我教育、自我监督，健全基层民主制度，完善村规民约，推进村民自治制度化、规范化、程序化。通过县乡村三级联动，推动更多资源下沉到乡镇和村，全面提高乡村治理效能。

（三）不断发动群众抗疫

乡村治理是一项人人有责、人人尽责、人人享有的系统工程，要充分依靠群众、发动群众，促进农民群众成为真正的治理主体。搭建村民参与村级公共事务平台，创新"村民说事""妇女议事"等协商议事的形式和活动，强化自治能力建设。有序引导工青妇等群团组织参与乡村治理，发挥群团优势和作用。创新政府购买服务方式，建立激励机制，引导支持农村社会组织和志愿服务发展。倡导农民群众强化主人翁意识，弘扬爱国主义精神，热爱家园、热爱生活，引导农民群众养成卫生健康的生活方式。

全面发动村民，不仅是抗击疫情的需要，更是完善乡村治理体系、提升乡村治理能力的需要。一是发挥基层群众自治组织村委会的作用，发动村组干部、"五老"人员等力量，组织村民开展防控工作。二是要以灵活、机动、安全的方式，如流动广播、微信群等，加大宣传，正确引导，增强村民防控意识，最大限度地调动村民参与乡村疫情防控的积极性、主动性、创造性，形成群防群控的氛围，全力打赢疫情防控阻击战。

二、推动治理中心下沉，改善农村公共卫生应急管理体系

习近平总书记在文章"全面提高依法防控依法治理能力，健全国家公共卫生应急管理体系"中指出，要从立法、执法、司法、守法各环节发力，切实推进依法防控、科学防控、联防联控。针对这次疫情中暴露出来的短板和不足，抓紧补短板、堵漏洞、强弱项，完善重大疫情防控体制机制，健全国家公共卫生应急管理体系。农村地区的公共卫生应急管理体系更加薄弱，需要健全完善的任务更重、压力更大。

（一）推动公共卫生应急管理资源重心下沉

党的十九届四中全会提出要推动社会治理和服务重心向基层下沉,解决好农村管理服务职能"最后一公里"的问题迫切、重要。调研组在走访中深刻感受到公共卫生应急管理体系越深入农村基层,资源要素越缺乏。目前的乡村公共卫生体系,主要依赖以县级医疗卫生机构为依托、乡镇卫生院为主体、村卫生室为基础的三级网络机制发挥作用。[①]而农村地区卫生室设施简陋、功能不全、医生短缺的问题明显存在,尤其是重症监护、隔离防控基础设施少之又少,公共卫生"毛细血管"作用很难充分发挥。农村地区要以此次疫情为契机,推动公共卫生应急管理资源下沉,健全农村公共卫生重大风险研判、评估、决策、防控协同机制,实现上下级信息贯通、同级信息共享,提高农村卫生资源配置和使用效率,提升基层医疗卫生服务能力。

（二）加大对农村公共卫生能力建设的投入

相较于城市,农村医疗卫生机构配置不充足、不合理、不平衡的现象更为突出,加强农村公共卫生应急能力建设最直接最有效的手段是加大农村公共卫生领域的基础设施投资力度。一方面配置传染病防范设施、建设重病隔离场所,提高应对突发传染性卫生事件应急能力;另一方面加快公共卫生治理基础建设,包括全面实施农村生活垃圾治理,坚决做好垃圾分类和工业固废垃圾、生活有害垃圾处置,推进农村地区河道管网治理,开展农村工业、养殖业等生产污染整治,推进农村"厕所革命"等。调研组在走访中也感受到,金华地区新农村建设,尤其是农村垃圾分类投放的长期深入实施对优化农村公共卫生整治奠定了良好的基础。

（三）补齐乡村医生队伍建设滞后的短板

乡村医疗卫生队伍是农村公共卫生体系建设的核心要素。此次疫情暴露出公共卫生与防疫人才严重短缺的问题,乡村医生队伍建设更是令人担忧:业务能力不够高,专职医生比重不高,收入待遇低。以疫情防治为切入点,补齐乡村医生队伍建设的短板。加强乡村医生突发疫情防控知识培训和教育,不断提升其应急处理重大疾病和传染病的能力。制定和实施医疗卫生大中专毕业生到基层计划,支持乡镇卫生院和村卫生室派遣医务人员到上级公共卫生机构进行实训。持续加强全科医生培养,适当简化本科及以上学历医学毕业生或经住院医师规范化培训合格的全科医生招聘程序。允许各地盘活用好基层卫生机构现有编制资源,乡镇卫生院可优先聘用符合条件的村医。不断提高乡村医生待遇水平,制定常态化的乡村医生优惠政策,鼓励县区内乡村医生合理流动,进一步加

---

① 加强乡村公共卫生体系建设重在补短板[OL]. 人民网, http://theory.people.com.cn/n1/2020/0219/c40531-31593612.html. 2020-2-19.

大对偏远地区乡村医生的补助力度。

三、推动"三治"融合，充分发挥乡村治理有效经验作用

乡村治理的三治主要是指：自治、德治、法治。浙江省乡村治理中涌现出许多行之有效的经验样本。安吉的"余村经验"和桐乡的"三治融合"，都是乡村治理范本。通过"三治"融合筑牢农村防疫网，是打赢农村疫情防控阻击战的经验总结。

（一）充分发挥农村自治的基础作用

我国农村地区本身就有着深厚的自治基础，在疫情防控过程中，由于各村经济条件和自身的状况不同，只有自己村里的人才能知道村子的实情，因此只有团结全体村民，加强自治，让村里的事做到自己做主，才能够让乡村治理达到效果。调研组在走访过程中，感受到各村结合村里的实际情况，在制定防控措施时均有一些特色和亮点，有许多自治经验值得总结。例如村民委员会在农村治理和疫情防控中的中坚力量得到了充分发挥，村规在呵护公序良俗、增强村民自治意识和法律意识中的积极作用，乡村社会贤达等人员在普及新冠肺炎病毒传播致病机理和预防措施等常识、宣传上级防控措施及要求、提高农民群众自我防护意识等方面的关键作用等。要不断强化农村自治基础，增强疫情防控"聚合力"。

（二）不断夯实农村法治的根本保障

农村治理体系与治理能力现代化的本质是法治化，法治是农村善治的根本保障。此次疫情防控要坚决用好"法治"这根准绳，推动防控工作规范执行。一方面，规范疫情防控各项要求就要用好法治这个根本手段，尤其是推动防控责任落实，化解农村各种矛盾纠纷，确保隔离人员遵守隔离各项规定等工作中必须依法依规开展；引导农民群众理性分析并正确对待政府采取的疫情防控措施，做到不造谣、不信谣、不传谣，消除农民群众恐慌情绪，切实做到依法管理；还必须提高农民法治素质。另一方面，要不断提高农民法治素养。要以疫情防控为契机，根据农村群众的认知特点、文化程度和接受能力，通过广播、电视、微信、QQ 等载体，采用农民容易接受的方式，宣传《传染病防治法》《治安管理处罚条例》等法律法规，提高农民尊法、学法、懂法、守法、用法意识，增强农民法律意识，提高法治素养，依法支持和配合疫情防控工作。

（三）努力构建农村德治的长效机制

国无德不兴，人无德不立。在农村，传统道德是自发性的信仰和非制度性的理性力量，成为人们内心的法律。发挥德治的融合、引导、教化功能，充分发挥村规民约作用，将疫情防控的相关规定要求融入村规民约，为疫情防控强化制度保障。积极开展疫情防控

科普、健康知识宣传等活动,引导农民树立健康理念,改变出门不戴口罩、喝酒聚集等不良生活习惯,养成出门戴口罩、返回要报告、卫生要搞好等良好的生活习惯,提高文明素质和自我保护能力。发挥榜样的示范引领作用,选取道德模范、五好文明家庭等先进人物事迹,通过广播、电视等各类媒体反复宣传,凝聚向真向善向美向上的力量,以风清气正的舆论导向推动形成良好的村风民俗;同时要选取失德典型案例进行宣传,加强警示教育,提升村民道德水准。要重视挖掘新乡贤,激励乡贤参与或组建乡村自治组织和自治队伍,发挥他们作为个体的带头示范作用。

第三节 疫情后金华农村地区乡村振兴的机遇和挑战

党的十九大提出乡村振兴战略,并将它列为决胜全面建成小康社会需要坚定实施的七大战略之一。按照党的十九大总体部署,2020年是脱贫攻坚的决胜时期,同时也是实施乡村振兴战略的起步阶段。

2019年12月,金华市为贯彻落实中央、省委决策部署,科学有序推动金华市乡村振兴,编制了《金华市乡村振兴战略规划(2018—2022年)》(以下简称《规划》)。《规划》主要围绕"全面小康、浙中崛起"与"走在前列、共建金华"的目标,以城乡融合发展、农业绿色发展、农民全面发展为主线,以农村一二三产业融合发展为突破口,以推进"千村示范、万村整治"工程建设为着力点,以深化农村改革为根本动力,全面推动乡村产业振兴、人才振兴、文化振兴、生态振兴、组织振兴,高标准、高水平、高质量建成现代化"和美乡村",努力打造"产业兴、环境美、生活好"生产生态生活融合发展的乡村振兴浙江样板。

按照《规划》发展目标,到2020年,金华市广大农村与全市同步高水平全面建成小康社会,开展现代化"和美乡村"示范创建,农村一二三产业融合发展格局全面形成,乡村振兴取得实质性进展,制度框架和政策体系基本形成。

2020年突如其来的新冠肺炎疫情对乡村振兴战略的实施产生了深远的影响。调研组通过访谈,深刻感受到这场史无前例的疫情防控阻击战对农业、农村、农民的影响都是空前的,无论对乡村治理手段、公共卫生保障还是农业生产、销售各个环节以及农民生活方式等各个方面都产生了深远的影响,要减少疫情对乡村振兴战略造成的不利影响,继续实现乡村的发展,推动乡村振兴战略不断深入。

一、以解决就业为重点不断提高农民收入水平

2020年,脱贫攻坚已经取得了阶段性的重大成果,农民收入持续较快增长。2020年

统计数据显示,金华农村常住居民人均可支配收入为 30 365 元,同比增长 6.5%,但收入水平相对较低、收入不稳定的问题依旧没有得到有效解决,新冠肺炎疫情对农村劳动力就业带来较大冲击,给农民增收造成较大困难,增加了脱贫攻坚难度。

(一)努力解决农村劳动力就业问题

调研显示,疫情造成的农产品销售不畅、农村务工人员延迟返岗等不利因素直接影响了农民的收入。因此,扩大农村劳动力就业、促进农民增收是应对疫情影响、决战脱贫攻坚的重要举措。对外出就业的人员,输出地要主动加强与输入地对接,组织好"点对点、一站式"直达运输服务,帮助其安全返岗、尽快复工。对留在本地就业的人员,要加强与本地企业用工需求精准对接,及时提供动态岗位信息,支持其多渠道灵活就业。对自主就业困难的人员,要积极开发乡村水管员、护路员、生态护林员等公益性岗位,帮助实现其就业。

(二)推进农村中小微企业复工复产

农村中小微企业是农村劳动力就业的主要渠道之一,疫情对中小微企业的影响显而易见,尤其是对休闲农业和乡村旅游业的冲击巨大。调研发现,金华农村地区在做好疫情防控时,同步推进复工复产,做到应复尽复。为进一步推进农村中小微企业复工复产,重点解决复工复产过程中原料供给不足、产品销售不畅、用工和资金短缺、防护用品缺乏等难题,提供有关贷款贴息、还本付息延期、税费减免、用电用气用地优惠等政策,因地因企分类施策,帮助企业渡过难关。

(三)积极引导农村创新创业

金华农村地区要认真落实《关于进一步推动返乡入乡创业工作的意见》(人社部发〔2019〕129号)和《关于推动返乡入乡创业高质量发展的意见》(发改就业〔2020〕104号),将返乡入乡人员一次性创业补贴和创业担保贷款等支持政策落实到位。依托农村创新创业园等平台载体,建设一批返乡创业孵化实训基地。为返乡创业人员提供岗位信息、政策申请、社保接续等服务,有条件的地区设立返乡创业"一站式"综合服务平台。强化创业指导,建立返乡创业"一对一"辅导机制。

二、以应对市场风险为抓手构筑农村产业新经济

农产品市场风险相对较大,既与自然因素有关,也与市场需求密切相关。疫情对农产品市场的影响更加显著,因农产品滞销带来的直接损失,以及由于交通封闭带来的物流成本大幅度增加都加大了农产品市场风险。

(一)增强市场风险意识是前提

农民靠天吃饭,农业生产本身就需要面临自然气候的风险。此次疫情又让农民深刻体会了生产、运输、销售风险的极端影响。疫情之下,由于线下销售走不动、交通管制、快递物流受限、人手不足等原因,因此很多应急农产品面临滞销风险。这次疫情让农民切实提高了市场风险认识,增强风险意识。一是发挥农业保险作用,如浦江葡萄价格指数综合保险,就是为应对葡萄销售价格开发的一类商业保险。二是完善风险防范应对机制,通过信息共享,提高风险应对能力。三是强化监管监控,通过数字化信息化手段监控农产品市场风险。

(二)稳定农产品价格是核心

应对市场风险,稳定价格是核心。面对疫情的影响,农业主管部门要积极引导农民在做好防护的前提下有序恢复农业生产,稳定农产品供给;发挥市场监管部门作用,加强农产品市场供需情况监测,提供价格公开信息,增强农民市场应对能力。在农产品面临滞销时,农业主管部门还需要做好沟通协调,在做好防控的基础上解决运输问题,协助扩宽销售渠道。调研发现,有一些现实案例可以参考。例如2020年初,金东区莴笋面临滞销,当地农业部门经过政府部门的协调,先是开了车辆通行证,后又和社区超市对接,实现了农户和超市的"点对点"对接,为莴笋销售解决了实际问题,同时保障了生鲜农产品供应。

(三)加快农业转型升级是主导

产业振兴是乡村振兴的基石。推动农业产业升级,就要坚持质量兴农、绿色兴农、科技兴农、品牌兴农,以农业供给侧结构性改革为主线,以发展高效生态现代农业为导向,以建立现代农业经营体系为目标,推动农村一二三产业深度融合,加快创新驱动发展步伐,实现乡村产业高质高效发展。[①] 农业产业结构升级必须因地制宜,充分发挥自然资源禀赋优势、市场区位优势以及产业集聚优势。金华地区农业已经形成了优质粮油、生猪和肉制品、奶牛乳品、水果蔬菜、中药材、食用菌、茶叶、花卉苗木等八大主导产业。疫情给现有主导产业转型升级带来了机遇和挑战,例如加快主导产业与健康、养生、医疗保健等产业深度融合,实现资源共享、优势互补,创建一批特色优势明显、产业基础好、发展潜力大、带动能力强的特色农产品优势区,从而推动农业产业升级。

---

① 金华市发展和改革委员会.金华市乡村振兴战略规划(2018—2022年)[R].金华:金华市乡村振兴领导小组,2019:21—22.

三、以推动融合发展为机遇加快建设"智慧农业"

农业是基础的传统行业,意味着农业融合发展的空间最为广阔,同时也表明建设"智慧农业"、发展农业数字经济的潜力最大。中国信息通信研究院2019年发布的数据显示,2018年我国农业数字经济仅占农业增加值的7.3%,远低于工业(18.3%)、服务业(35.9%)的水平。在2020年疫情防控背景下,农业开始不断地尝试与互联网、移动互联和智慧终端的结合。"直播带货"为农产品销售带来的"惊喜",也展示出了信息技术在推动"智慧农业"方面的潜在优势。因此,疫情后农业产业振兴必须牢牢绑定数字经济和信息产业这个"风向标",加快推动"智慧农业"发展。

(一)大力推动城乡融合发展

城乡融合发展既是手段,亦是目标。截至2019年年底,金华市城镇化率达到67.7%,城市资源要素边际效应逐步显现,城市人才、资金等生产要素在城市饱和后会向城市"溢出",从而弥补农村有效资源供给不足。农村广阔市场同时会激活"两个市场",化解城乡空间矛盾,带动区域内生产要素配给,从而实现区域整体融合发展。疫情防控期间,医疗资源、防控物资要从城市向农村倾斜,交通不畅和封闭管理等导致外地农产品流通较慢,使得城市对周边农产品供给更加依赖,城郊农村农产品供给成为城市农产品的主要保障。因此,疫情后一定要抓住城乡融合发展新机遇,找准发力点,推动新型城镇化建设高质量发展。

(二)积极统筹农业人力资源

由于二元经济结构长期存在,人力资源不平衡的问题更加明显。新冠肺炎疫情暴发后,农村人力资源不足的问题更加凸显。疫情后推动乡村振兴必须统筹农业人力资源,一是鼓励农民工、大专院校毕业生、退役士兵、科技人员等返乡下乡创业创新;二是完善农村劳动力制度保障体系,推进落实就业服务、人才激励、教育培训、资金奖补、金融支持、社会保险、"离土"农民就业扶持计划等专项就业举措;三是发挥农村乡贤、乡村企业家、种植大户带头作用,做好宣传报道,以点带面,营造农村特色社会精英文化氛围。

(三)加快建设"智慧农业"

智慧农业是数字农业、精准农业、农业物联网、智能农业等技术的统称。智慧农业发展的基础是数字农业,数字农业是实现农业物联网发展的前提。在2020年的疫情防控中,无人机撒药、在线课堂、大数据管农田、农产品线上交易等让"智慧农业"获得了更多的实践机会,信息技术、数据库技术、人工智能与传统农业的融合提升了农业生产效率、提高了产品品质、开拓了农产品市场。《金华市乡村振兴战略规划(2018—2022年)》明确指出要"大力发展智慧农业",一是建设全市智慧农业云平台(现代农业数据中心),全面归集各种信息数据,深化数字化管理、系统化分析和智能化应用;二是培育数字农业新业态,推动农业产业数字化;三是发展农村电子商务,实施"互联网＋"农产品出村进城工程,建设省、市、县三级农产品电商运营中心、线上销售的品牌农产品展销中心。

附 录

2020 年度浙中调查社会媒体报道集

3 000名师生深入5 000户农家,这样的课堂很新鲜!

"大浙名师"公众号　2020—11—19

19日上午,上海财经大学浙江学院2020年党建和思政教育实践暨浙中调查启动仪式在金义新区曹宅镇鹤岩山村举行。

金东区委宣传部相关负责人,曹宅镇主要负责人,鹤岩山村村两委委员,上海财经大学马克思主义学院领导,2020年浙中调查专家组成员,上海财经大学浙江学院领导班子成员、各职能部门负责人、各系党总支负责人和会计系师生代表等共计80余人参加了此次活动。在活动现场,学院第20个党建和思政教育实践基地的授牌和各调研分队的授旗仪式举行。

据了解,党建和思政教育实践暨浙中调查是上海财经大学浙江学院于2018年推出的以发挥高校社会服务功能,助力乡村振兴战略为目标的大型社会实践和社会调查研究项目。该项目集合社会实践、专业学习、科学研究、学生能力培养等多种元素,推动新时期高校与地方建设的深度融合,探索高校人才培养、课程改革、党建工作的新模式、新机制。

过去的两年里,3 000余名师生深入5 000余户农户,体验"访千村、走万户、读中国",并进行了一系列的创新实践,如田间地头思政课、联合党课等,调研成果已集结成《2018年浙中调查》《2019年浙中调查》并先后出版。

当日的活动中,同学们先在鹤岩山村党支部书记戚根顺的带领下,参观了鹤岩山村的观光道、民宿、养老服务中心等,体验了新农村建设给农村生活带来的巨大变化。随后,在文化礼堂前聆听了该院马克思主义学院教师李宛荫关于当地民俗文化的讲解。该院会计系教师吕颖菲和上海财经大学马克思主义学院党总支书记郝云也给学生们带来了以乡村振兴为主题的党课。

相比照本宣科,思政和党课采取实例结合实地的生动形式,既让同学们感到新鲜,也方便理解和记忆。课程结束后,同学们分组到橘园体验劳动,进农户家做问卷调研,去田间地头体验乡土民情。

"通过走访乡村和农户,同学们能直观地感受农村生活的变化,体验新农村建设的发展。在这个过程中,我们还鼓励学生多总结、多思考,对发现的问题和不足积极给出改进建议,真正做到学以致用。"上海财经大学浙江学院院长马洪介绍,这不是一次性的活动,也不是单纯的教育实践活动,学院将采取"经常性实践+集中性实践"相结合的模式,将高校的人才、学科、信息等资源与基层农村共享,长期为地方发展服务,也将对调研收集到的一手数据进行持续深入的挖掘和分析,形成决策咨询报告,努力服务地方发展。

(通讯员:荣世强,袁丁;摄影:朱婷婷,沈乐)

上财浙院 2020 年"浙中调查"启动

金华新闻客户端　2020—11—19

　　11月19日上午,上海财经大学浙江学院2020年党建和思政教育实践暨浙中调查启动仪式在曹宅镇鹤岩山村举行。

　　党建和思政教育实践暨浙中调查是该校推出的以发挥高校社会服务功能,助力乡村振兴战略为目标的大型社会实践和社会调查研究项目。该校采取"经常性实践+集中性实践"相结合的模式,将高校的人才、学科、信息等资源与基层农村共享,长期为地方发展服务,也将对调研收集到的一手数据进行持续深入的挖掘和分析,形成决策咨询报告,努力服务地方发展。

2018年、2019年,该校在借鉴上海财经大学本部"千村调查"项目基础上,举全院之力开展党建和思政教育实践基地建设,并以"新时代浙中乡村振兴发展"为主题开展"浙中调查",扎根浙中大地,助力乡村振兴,全面调查浙中乡村在经济、教育、文化、党建等领域的基本情况,将走访调研的形式和金华9个县(市、区)、20个乡镇(街道)的实际融合,3 000余名师生深入5 000余户农户,体验"访千村、走万户、读中国",并进行了一系列的创新实践,如田间地头思政课、联合党课等,活动参与度高、覆盖面广、社会反响大、成果

丰厚,《2018年浙中调查》《2019年浙中调查》均已由上海财经大学出版社出版。该项目荣获2018年金华市市直机关党建创新奖、入围浙江省教育厅"实践育人"工作优秀案例集。

2020年是"十三五"规划的收官之年,也是中国实现全面脱贫、建成小康社会的元年。本次调研将"乡村生态经济发展"作为主题,深入浙中地区农村社区开展经济社会问卷调查、基层支部研讨、与村民共上一堂思政课等活动,为全面落实科学发展观,助力乡村振兴做出自己的贡献。

今年的浙中调查项目首席专家由上海财经大学马克思主义学院党总支书记、博士生导师郝云教授担任。郝教授主持和参与国家社科基金重大项目和省部级项目,也曾获得上海市优秀教学成果二等奖,是一名学术造诣深厚、育人情节浓厚的学者。11月19日,郝教授带领一批教授、博士生来到金华,与上海财大浙江学院的师生们一起展开调查。

(记者:金璐;摄影:荣世强)

上海财经大学浙江学院 2020 年党建和思政教育实践暨浙中调查启动

金华新闻客户端　2020—11—19

今天上午,上海财经大学浙江学院 2020 年党建和思政教育实践暨浙中调查启动仪式在金义新区曹宅镇鹤岩山村举行。金东区委宣传部、曹宅镇主要负责人,鹤岩山村村两委委员,上海财经大学马克思主义学院领导,2020 年浙中调查专家组成员,上海财经大学浙江学院领导班子成员、各职能部门负责人、各系党总支负责人和会计系师生代表等共计 80 余人参加了此次活动。在活动现场,学院第 20 个党建和思政教育实践基地的授牌和各调研分队的授旗仪式举行。

据了解,党建和思政教育实践暨浙中调查是上海财经大学浙江学院于 2018 年推出的以发挥高校社会服务功能,助力乡村振兴战略为目标的大型社会实践和社会调查研究项目。该项目集合社会实践、专业学习、科学研究、学生能力培养等多种元素,推动新时期高校与地方建设的深度融合,探索高校人才培养、课程改革、党建工作的新模式、新机制。过去的两年里,3 000 余名师生深入 5 000 余户农户,体验"访千村、走万户、读中国",并进行了一系列的创新实践,如田间地头思政课、联合党课等,调研成果已集结成

《2018年浙中调查》《2019年浙中调查》并先后出版。

在今天的活动中,同学们先在鹤岩山村党支部书记戚根顺的带领下,参观了鹤岩山村的观光道、民宿、养老服务中心等,体验了新农村建设给农村生活带来的巨大变化。随后,在文化礼堂前聆听了该院马克思主义学院教师李宛荫关于当地民俗文化的讲解。该院会计系教师吕颖菲和上海财经大学马克思主义学院党总支书记郝云也给学生们带来了以乡村振兴为主题的党课。相比照本宣科,思政和党课采取实例结合实地的生动形式,既让同学们感到新鲜,也方便理解和记忆。课程结束后,同学们分组到橘园体验劳动,进农户家做问卷调研,去田间地头体验乡土民情。

"通过走访乡村和农户,同学们能直观地感受农村生活的变化,体验新农村建设的发展。在这个过程中,我们还鼓励学生多总结、多思考,对发现的问题和不足也积极给出改进建议,真正做到学以致用。"上海财经大学浙江学院院长马洪介绍,这不是一次性的活动,也不是单纯的教育实践活动,学院将采取"经常性实践+集中性实践"相结合的模式,将高校的人才、学科、信息等资源与基层农村共享,长期为地方发展服务,也将对调研收集到的一手数据进行持续深入的挖掘和分析,形成决策咨询报告,努力服务地方发展。

(记者:袁丁)

上海财经大学浙江学院举办 2020 年党建和思政教育实践暨浙中调查启动仪式

浙江新闻客户端　2020—11—20

11月19日上午,上海财经大学浙江学院(以下简称上财浙院)2020年党建和思政教育实践暨浙中调查启动仪式,在金义新区曹宅镇鹤岩山村举行。金东区委宣传部相关负责人,曹宅镇主要负责人,鹤岩山村村两委委员,上海财经大学马克思主义学院领导,2020年浙中调查专家组成员,上财浙院领导班子成员、各职能部门负责人、各系党总支负责人和会计系师生代表等共计80余人参加了此次活动。

启动仪式开始前,曹宅镇鹤岩山村党支部书记戚根顺、上财浙院马克思主义学院教师李宛荫分别以"美丽乡村建设在鹤岩山村的实践""乡村振兴离不开习俗文化的传承与发展"为主题给同学们上了一堂别开生面的"田间地头"思政课。

思政课结束后,上海财经大学马克思主义学院党总支书记郝云教授和上财浙院会计系教师吕颖菲在鹤岩山村党群服务中心给大家带来了一场精彩的微党课。郝教授详细地为大家解读了关于优先发展农业农村、全面推进乡村振兴的精神要义。吕老师则分享了会计系党员教师助力乡亲们发展花木经济、奔小康的故事。

随后,会计系党总支负责人许海亚老师带领同学们参与在鹤岩山村农户家农田、果园开展的劳动教育现场体验式教学课,让同学们感受劳动果实丰收的喜悦。

上午10点40分,启动仪式正式开始。上财浙院党委副书记孔德民、金东区曹宅镇党委书记方伟分别致辞。孔德民书记在致辞中表示,学院将精心组织、周密部署,确保本次浙中调查顺利进行,通过政校合作服务地方经济发展,努力打造党建和思政教育品牌。方伟书记在致辞中充分肯定了上财浙院浙中调查活动的价值和意义,并代表镇党委和镇政府表示将全力支持和配合实践教学活动的组织和开展。

2020年浙中调查首席专家、上海财经大学马克思主义学院党总支书记郝云教授讲话，他希望参与浙中调查的师生能够立足于实践，扎实调研，在活动结束后能够总结经验，为乡村振兴建设添砖加瓦。

学院2019级会计学专业的徐凌锴同学作为学生代表发言。他代表全体参与调研的同学向学院做出承诺，将严格按照实践活动的工作计划，遵守纪律、团结协作，努力完成本次实践活动。

学院院长马洪、金东区曹宅镇党委书记方伟为党建和思政教育实践基地授牌。

仪式结束后，会计系师生以小组形式展开入户调研。调研过程中，不同小组分别针对家庭状况、农业生产、生态环境等问题开展了问卷调查。几位受访村民表示近几年政府重视乡村生态建设和公共基础设施建设，乡村的生态环境和经济发展同步提高，养老、医疗条件也有所改善，他们对现在的生活感到十分满意。

党建和思政教育实践暨浙中调查是学院于2018年推出的以发挥高校社会服务功能，助力乡村振兴战略为目标的大型社会实践和社会调查研究项目。该项目集合社会实践、专业学习、科学研究、学生能力培养等多种元素，推动新时期高校与地方建设的深度融合，探索高校人才培养、课程改革、党建工作的新模式、新机制。过去的两年里，3 000余名师生深入5 000余户农户，体验"访千村、走万户、读中国"，并进行了一系列的创新实践，如田间地头思政课、联合党课等，调研成果已集结成《2018年浙中调查》《2019年浙中调查》并先后出版。

（记者：沈立；通讯员：朱婷婷，何娱清，杜思瑶，沈乐，林楚云，沈顾琳）

曹宅:"四个一"模式促乡村振兴

浙报融媒共享联盟金东站　2020—11—22

11月19日,上海财经大学浙江学院的部分师生走进曹宅镇鹤岩山村,举行2020年党建和思政教育实践暨浙中调查启动仪式,让党课走进"田间地头"。

"同学们,你们觉得我们的村庄发展得怎么样?"在"美丽乡村建设在鹤岩山村的实践"思政课上,鹤岩山村党支部书记戚根顺基于本村的工作,以生动的案例,讲述乡村的巨大变化。近年来,曹宅镇聚焦"实施一村一园一景,争当和美乡村整治示范排头兵"的总体目标,发展"旅游+农业"的融合产业,深入推进美丽乡村建设,打造宜居宜养的人居环境。"芝樱花海、心形林海、山海云宿,借助特有的自然资源,打造了一批景点,大家也可以为我们献计献策,为乡村振兴注入新鲜血液。"戚根顺说。回忆过往,展望未来,学生们听得聚精会神,党课也变得生动活泼。

作为上海财经大学浙江学院第 20 个党建和思政教育实践基地,曹宅镇与该校有着不解之缘。五和村是上海财经大学浙江学院的"2+1"结对帮扶点,双方相关负责人曾策划过多场志愿活动,让师生们走进村庄,贴近村民生活,在农村党建、乡村文化建设、关爱老年人生活、关心儿童健康成长、"五水共治"等多方面进行深度合作。"乡村要发展,需要借力,我认为此次活动的开展便是一次良机。"曹宅镇党委书记方伟说。

2019 年以来,曹宅镇积极打造"党建＋四共"模式,通过共同学习、共同活动、共同帮扶、共同提升,拉近村企党员之间的距离,打造党建共同体,实现党建引领,助企、扶企、稳企,同时推动农村各项中心工作发展。而此次引入高校作为载体,"同上一节课、同推进一次基层调研、同开展一次研讨、同过一次组织生活"的"四个一"模式,是曹宅镇党建品牌的又一延伸。"作为省级换届试点,圆满完成换届工作,村校合作的开展,更是为村两委干部们引入了'新智'。"曹宅镇党委委员、组织委员金红锵说。

乡村发展既需要"泥腿子"专家,也需要年轻力量。"曹宅的未来需要广大学子的参与,希望师生们能多来曹宅,为当地的发展指点迷津。"方伟说。

(记者:戴昊翔)

上海财经大学浙江学院：把思政课搬进田间地头，让家国情融入人才培养

人民论坛网　2020—11—24

11月19日上午，上海财经大学浙江学院（以下简称上财浙院）2020年党建和思政教育实践暨浙中调查启动仪式在金华市金义新区曹宅镇鹤岩山村举行。

启动仪式开始前，曹宅镇鹤岩山村党支部书记戚根顺、上财浙院马克思主义学院教师李宛荫分别以"美丽乡村建设在鹤岩山村的实践""乡村振兴离不开习俗文化的传承与发展"为主题给同学们上了一堂别开生面的"田间地头"思政课。思政课结束后，上海财经大学马克思主义学院党总支书记郝云教授和上财浙院会计系教师吕颖菲在鹤岩山村党群服务中心为大家呈现了一场精彩的微党课。郝云教授详细地为大家解读了关于优

先发展农业农村、全面推进乡村振兴的精神要义。吕颖菲老师则分享了会计系党员教师助力乡亲们发展花木经济、奔小康的故事。

随后,会计系党总支负责人许海亚老师带领同学们参与在鹤岩山村农户家农田、果园开展的劳动教育现场体验式教学课,让同学们感受劳动果实丰收的喜悦。

启动仪式上,上财浙院党委副书记孔德民、曹宅镇党委书记方伟分别致辞。孔德民在致辞中表示,学院将精心组织、周密部署,确保本次浙中调查工作顺利进行,通过政校合作服务地方经济社会发展,努力打造党建和思政教育品牌。

2020年浙中调查首席专家、上海财经大学马克思主义学院党总支书记郝云教授讲话,他希望参与浙中调查活动的师生们能够立足于实践,扎实调研,在活动结束后能够总结经验,为乡村振兴建设添砖加瓦。

浙江学院2019级会计学专业的徐凌锴同学作为学生代表发言。他代表全体参与调研的同学向学院做出承诺,将严格按照实践活动的工作计划,遵守纪律、团结协作,努力完成本次实践活动。

仪式结束后,师生们以小组形式展开入户调研。调研过程中,不同小组分别针对村民家庭状况、农业生产、生态环境等问题开展了问卷调查。据悉,党建和思政教育实践暨浙中调查是学院于2018年推出的以发挥高校社会服务功能,助力乡村振兴战略为目标的大型社会实践和社会调查研究项目。该项目集合社会实践、专业学习、科学研究、学生能力培养等多种元素,推动新时期高校与地方建设的深度融合,探索高校人才培养、课程改革、党建工作的新模式、新机制。过去的两年里,3 000余名师生深入5 000余户农户,体验"访千村、走万户、读中国",并进行了一系列的创新实践,如田间地头思政课、联合党课等,调研成果已集结成《2018年浙中调查》《2019年浙中调查》并先后出版。

(记者:周星亮,朱婷婷)

行走田间地头　思政课"动"起来

浙江新闻客户端　2020—11—30

近日,上海财经大学浙江学院2020年党建和思政教育实践暨浙中调查启动仪式在金华市金义新区曹宅镇鹤岩山村举行。金东区委宣传部、曹宅镇主要负责人,鹤岩山村村两委委员,上海财经大学马克思主义学院领导,2020年浙中调查专家组成员,上海财经大学浙江学院领导班子成员、各职能部门负责人、各系党总支负责人和会计系师生代表等共计80余人参加了此次活动。活动现场,学院第20个党建和思政教育实践基地的授牌和各调研分队的授旗仪式举行。

活动中,同学们先在鹤岩山村党支部书记戚根顺的带领下,参观了鹤岩山村的观光道、民宿、养老服务中心等,体验了新农村建设给农村生活带来的巨大变化。随后,在文化礼堂前聆听了该院马克思主义学院教师李宛荫关于当地民俗文化的讲解。该院会计系教师吕颖菲和上海财经大学马克思主义学院党总支书记郝云也给学生们带来了以乡村振兴为主题的党课。课程结束之后,同学们分组到橘园体验劳动,进农户家做问卷调研,去田间地头体验乡土民情。

"通过走访乡村和农户,同学们能直观地感受农村生活的变化,体验新农村建设的发展。在这个过程中,我们还鼓励学生多总结、多思考,对发现的问题和不足也积极给出改进建议,真正做到学以致用。"上海财经大学浙江学院院长马洪介绍,这不是一次性的活动,也不是单纯的教育实践活动,学院将采取"经常性实践＋集中性实践"相结合的模式,将高校的人才、学科、信息等资源与基层农村共享,长期为地方发展服务,也将对调研收集到的一手数据进行持续深入的挖掘和分析,形成决策咨询报告,努力服务地方发展。

过去的两年里,3 000余名师生深入5 000余户农户,体验"访千村、走万户、读中国",并进行了一系列的创新实践,如田间地头思政课、联合党课等,调研成果已集结成《2018年浙中调查》《2019年浙中调查》并先后出版。

(通讯员:袁丁,荣世强,朱婷婷)

上财浙院开展浙中调查　助力金华乡村振兴

金华新闻客户端　2020—12—17

12月17日,上海财经大学浙江学院会计系举行2020年党建和思政教育实践暨浙中调查,来自会计系2019级11个班的441名同学深入走访义乌市义亭镇、金东区曹宅镇、澧浦镇和岭下镇等18个乡村,就新农村建设状况、生态农业生产和生态环境保护等方面开展了深入的调查,共商校地合作促进乡村发展大计。

据介绍,本次调研主题是"乡村生态经济发展和疫情防控现状",师生们共走访农户635家,完成入户问卷635份、行政村调查问卷18份,形成图文调研笔记2 400余篇,为形成本年度"浙中调查"报告取得一手数据和资料。调研活动获得了义乌市义亭镇、金东

区曹宅镇、澧浦镇、岭下镇乡镇干部、驻村干部和当地村民的大力支持。

通过现场采访、实地观察学习、田间地头思政课、入户发放问卷、联合微党课等形式，师生们见证了浙中地区生态经济建设取得的进展，近距离感受了乡村地区在生态经济发展和疫情防控工作中取得的成绩。

上海财经大学浙江学院"浙中调查"聚焦乡村经济社会发展实际，自 2018 年开展以来，已深入金华周边 9 个县(市、区)，全景式、常态化地描述了浙中地区农村发展现状，为全面助力乡村振兴、打响校地联动品牌、全面提升大学生实践技能做出了积极的贡献。

(记者:董宏程；通讯员:许海亚)

扎根浙中大地办教育　　开展乡村调查助振兴

金华新闻客户端　2020—12—19

12月19日,上海财经大学浙江学院工商管理系340余名师生分赴婺城区琅琊镇、白龙桥镇,以及永康市江南街道、舟山镇开展2020年党建和思政教育实践暨浙中调查大型实践活动。

本次活动中,广大学生围绕乡村民俗文化、乡村居民素养、乡村居民财富观等调研主题,以发放问卷、采访笔录等形式深入乡村农户家庭进行全面调研。教师代表们则利用乡村实践契机,在田间地头为大学生开展了一场场接地气的"田间地头思政课"。

据统计,师生们共计深入600余户农户家庭进行问卷调研,发放、回收有效问卷500余份,有效完成行政村问卷20余份,开展"田间地头思政课"10余场。

据了解,上海财经大学浙江学院浙中调查大型实践项目旨在通过发动广大师生以脚步丈量浙中大地,采用调研、走访、宣讲等形式助力浙中地区乡村振兴。截至目前,该项目已连续开展三年,成为上海财经大学浙江学院做好育人工作,发挥高校服务地方经济发展功能的一个文化品牌。

(记者:董宏程;通讯员:李云)

浙中调研访农户　学思践悟促振兴

金华新闻客户端　2020－12－21

12月19日,上海财经大学浙江学院经济与信息管理系140多名师生共同前往兰溪市柏社乡下蒋坞村、百聚社村、桥头村、水阁村开展2020年党建和思政教育实践。

本次调研围绕"浙中农村生态经济研究"主题,以"乡村民俗文化、居民文化素养和财富观"为调研重点,全面调查生态经济视角下浙中农村民俗文化现状、居民文化素养及居民财富观教育。

据了解,本次调研立足于实践、扎实于调研,同学们通过观察学习、采访村民、问卷调研、录音等形式开展实践。在此过程中,学院老师深入田间地头和当地村干部共同上党建和思政课,让同学们亲身感受到乡村生态发展,深入了解村民对乡村生态经济发展的看法,同时也加深对新农村生态经济建设和美丽乡村建设的了解和认识。

据统计,师生们深入 300 余户农户家庭进行问卷调研,完成有效行政村问卷 4 份。在此,感谢兰溪市柏社乡各村村干部和当地村民的大力支持。

上海财经大学浙江学院"浙中调查"深入基层,希望能为乡村振兴提供理论支持,为乡村特色产业的发展提供智力支持。截至目前,"浙中调查"已经连续开展了三年,更好地构筑新时代大学生走入基层与乡村振兴对接的桥梁,为乡村经济发展进一步走出去扩宽渠道。

(通讯员:王筱蓉语)

上海财经大学浙江学院开展"浙中调查"大型田野实践活动

浙江在线 2020－12－21

12月17日至20日,上海财经大学浙江学院组织师生们开展2020年党建和思政教育实践暨浙中调查,来自金融系的330余名师生们分赴武义履坦、武义西联、浦江檀溪、浦江虞宅四个乡镇的16个乡村,围绕乡村振兴、生态经济等主题开展田野调查。

在乡镇干部、驻村干部、村民的积极支持下,师生们走访农户并完成入户问卷455份、行政村调查问卷16份,进行20场次乡间联合党课和思政课,获得了大量鲜活的科研数据资料。在干净整洁的乡村穿巷入户与村民的攀谈中,在边走边听村干部介绍村子的建设和发展变化过程中,在与乡镇干部、村干部的互动交流中,在聆听一场场接地气的联合党课和思政课之后,师生们切身感受浙中新农村建设取得的成就,收获对乡村振兴的真切认识。

上海财经大学浙江学院院长马洪表示,浙中新农村在乡村法治、发展规划、资源盘活等方面充分彰显了活力和成绩,师生们通过"浙中调查"促进"双学双融",对乡村振兴这个大政方针在基层的落实有了更直观的认识,实践指导理论认识更深刻,也让广大师生对金华"第二故乡"这片热土有更深厚的感情,校地共建党建思政基地发挥协同效应,共同服务于金华区域社会发展。

上海财经大学浙江学院党委副书记孔德民提到,"浙中调查"大型实践活动开展以来,广大学子通过田野调查,更深入地了解到乡村振兴战略这一国策的贯彻落实,对培养学生家国情怀、扎根基层、服务社会有着切实意义,广大青年是国家建设的未来中坚力量,当下在学生心中播下种子,今后一定会繁花遍野,硕果喜人。

该院思政教师王婷提到,带领同学们到乡村基层调研,并开展思政课现场教学,效果很好;同学们结合亲身所见所闻,在乡间听思政课,体悟更鲜明,对理论的理解也更深入。董丹娜同学说,在书本上、课堂里、专题报告会上、新闻媒体上看到和听到"乡村振兴"战略,了解到这是国家战略部署,今天到乡村围绕这个主题开展田野调查,听村干部和村民用最平实朴素的话语来讲自己村子的新变化、新成绩,更加深刻地理解了乡村振兴的战略意义,更燃起要为实现中华民族伟大复兴中国梦不断奋斗的激情。

上海财经大学浙江学院"党建和思政教育实践暨浙中调查"已连续开展三年,师生们深入金华9个县(市、区)基层乡村,持续开展"浙中调查"品牌调研活动,获得浙中区域新农村建设和发展的最新统计数据,形成科研新成果,为金华和浙中区域发展决策提供参考,充分发挥高校服务地方社会的效能。

(通讯员:潘海远)

上财浙院开展浙中调查 助力金华乡村振兴

金华晚报 2020－12－22

昨日，上海财经大学浙江学院会计系举行2020年党建和思政教育实践暨浙中调查，来自会计系2019级11个班的441名同学深入走访义乌市义亭镇，金义新区曹宅镇、澧浦镇和岭下镇等18个乡村，围绕新农村建设状况、生态农业生产和生态环境保护等开展了深入的调查，共商校地合作促进乡村发展大计。

据介绍，本次调研主题是"乡村生态经济发展和疫情防控现状"，师生们共走访农户635家，完成入户问卷635份，形成图文调研笔记2 400余篇，为形成本年度"浙中调查"报告取得一手数据和资料。通过现场采访，师生们见证了浙中地区生态经济建设取得的进展，近距离感受了乡村地区在生态经济发展和疫情防控工作中取得的成绩。

（记者：董宏程；通讯员：许海亚）

深入田间地头,体会乡村振兴!
上海财大浙江学院师生开展浙中调查实践活动

杭州新闻 2020—12—22

2020年,上海财经大学浙江学院以"乡村生态经济发展和疫情防控现状"为主题,对浙中地区9个县(市、区)基层农村走访调研。

12月17日12时,由该院金融系八十余名师生组成的一支社会实践调研分队,赴浦江县檀溪镇开展党建和思政教育实践暨浙中调查,累积访问农户123户,完成入户问卷111份、行政村问卷4份。

本次调查活动共分三个阶段展开。第一阶段，团队成员以问卷调查及入户访问的形式，分四个小组，对檀溪镇寺前村、九母岛村、平湖村、潘周家村四个自然村进行入村分组调查。第二阶段，小组成员对所在自然村党员进行了主题为"党员梦想故事"的专题访谈。第三阶段，把党课、思政课从课堂搬到乡间，金融系党员老师们为同学们讲"推进脱贫攻坚和乡村振兴"主题乡间党课；在村里，村干部围绕"绿水青山就是金山银山"，侧重宣讲当地的生态经济发展情况，开展乡间微党课教育。

通过调研,师生们切身感受到了浦江乡村振兴的变化。

当日,由该系师生组成的另一支"浙中调查"调研小组也深入到武义县西联乡,开展同一主题调查,以期为美丽乡村建设献言献策。西联乡党委副书记焦绪海,西联乡下属村干部、学院思政教师代表魏慧芳和金融系教工党支部党员代表们一同参与调研。

队员们通过拜访村委会、采访村民的形式,对马口村、河涧村、壶源村、河洋村进行调研,深入了解生态经济发展现状、发展措施、民俗文化以及疫情防控举措等。

通过调研，师生们了解到西联乡在乡村生态经济发展方面有较为清晰的规划并付诸行动，其成效显著。队员们表示，这样的活动让自己受益匪浅，在今后的成长过程中势必会不断坚定信念，努力学会见微知著、做到知行合一，用汗水和脚步练就过硬本领。

据悉，党建和思政教育实践暨浙中调查是该院于2018年推出的以发挥高校社会服务功能，助力乡村振兴战略为目标的大型社会实践和社会调查研究项目。该项目集合社会实践、专业学习、科学研究、学生能力培养等多种元素，推动新时期高校与地方建设的深度融合，探索高校人才培养、课程改革、党建工作的新模式、新机制。

（通讯员：丁长康，方亚军）

上海财经大学浙江学院践行"双学双融"
聚焦生态经济开展浙中调查

浙江新闻客户端　2020—12—23

　　为进一步践行"双学双融",助力乡村振兴,12月17日,上海财经大学浙江学院近百名师生深入武义县履坦镇开展"浙中调查",本次调查通过入户调研、采访、宣讲等方式聚焦生态经济,让青年学子走进乡村、走进基层,了解乡村治理,培育乡村情怀。

　　学院师生在履坦镇4个村,共计发放120余份入户问卷,形成调研笔记80余篇,开展"田间地头"思政课和微党课4场,师生们亲身感受履坦镇美丽乡村建设取得的进展。在履坦镇坛头村,师生们在村干部朱国如的带领下,绕着松树林感受湿地风光。坛头村因地制宜,大力发展生态经济,取得了显著的成果。

2020年"浙中调查"进一步践行"双学双融",聚焦生态经济,用乡间思政课和微党课的形式宣传贯彻党的十九大精神,感悟新时代美丽乡村建设带来的变化,发挥高校服务社会与地方发展的功能。

(通讯员:徐睿)

上财浙院与东阳湖溪镇举行党建与思政基地签约授牌仪式

浙江新闻客户端 2020—12—30

近日,上海财经大学浙江学院与东阳市湖溪镇进行了党建与思政基地签约授牌仪式。这意味着双方将进一步优化党建工作载体,形成校地共建的党建工作新格局,共同服务于浙中地区建设与发展,助力实现乡村振兴。

本次调研主题是"乡村生态经济发展和疫情防控现状"。在村干部的带领下,该学院统计系调研组师生一行对湖溪镇下辖的上田、象田两村的农户进行了调研。本次调研中,师生们共走访农户 130 余户,完成行政村问卷 2 份、入户调研问卷 135 份。田埂访民情,学子们将了解最真实的农村,用双脚丈量每一寸土地,用双手记录每一个真实的数据。通过地区、行政村问卷和科学的随机抽样入户问卷调查,学生对问卷调查和实地调研方法有更好的理解,同时深刻地认识到乡村振兴亟待解决的问题,感受浙中农村的巨大发展潜力。

"浙中调查"是以"扎根浙中大地,助力乡村振兴"为主线,以浙中大地作为党建思政实践教育活动载体,由上海财经大学浙江学院统筹设计和组织实施的大型社会实践活动。学院通过大调研,准确掌握浙中地区的经济、教育、文化、交通、政务、公共服务、生态环境等情况,充分发挥高校的社会服务功能,为地方经济发展出谋划策。

(通讯员:吴京京)